CURT LUTZ LÄSSIG

Deutsch als Gerichts- und Amtssprache

Studien und Gutachten aus dem Institut für Staatslehre, Staats- und Verwaltungsrecht der Freien Universität Berlin

Heft 8

Deutsch als Gerichts- und Amtssprache

Völker-, gemeinschafts- und verfassungsrechtliche Anforderungen an die Behandlung Deutschunkundiger im Gerichts- und Verwaltungsverfahren

Von

Dr. Curt Lutz Lässig

DUNCKER & HUMBLOT / BERLIN

Gedruckt 1980 bei Buchdruckerei Bruno Luck, Berlin 65
Printed in Germany
ISBN 3 428 04710 9

Vorwort

Die Abteilung Ausländerrecht des 53. Deutschen Juristentages 1980 wird sich mit dem Thema befassen, „Welche rechtlichen Vorkehrungen empfehlen sich, um die Rechtsstellung von Ausländern in der Bundesrepublik angemessen zu gestalten?“ Die vorliegende Arbeit behandelt einen wichtigen Teilausschnitt dieses Themas. Gerichts- und Verwaltungsverfahren sind undenkbar ohne sprachliche Verständigung zwischen den Beteiligten. Der Aufenthalt von Millionen fremdsprachiger Ausländer in der Bundesrepublik hat aus den einst ein Schattendasein führenden Vorschriften über die Gerichtssprache wichtige Regelungen des Prozeßrechts gemacht, hinter denen fundamentale Grundsätze unseres Prozeßrechts stehen, und den Gesetzgeber des Verwaltungsverfahrensrechts vor die Notwendigkeit gestellt, detaillierte Regelungen über die Amtssprache zu schaffen. Der zunehmenden Bedeutung dieser Vorschriften entspricht es, daß sich die Rechtsprechung in jüngerer Zeit wiederholt mit ihnen, insbesondere mit dem Einfluß des GG und der EMRK auf ihre Auslegung und Anwedung zu befassen hatte.

Die Arbeit will zum einen das rechtswissenschaftliche Interesse auf diese bislang vernachlässigten Vorschriften lenken und zum anderen zugleich Einfluß und Bedeutung des Völker-, des Europäischen Gemeinschafts- und des Verfassungsrechts auf das deutsche Prozeß- und Verwaltungsverfahrensrecht in diesem Bereich aufzeigen.

Das Manuskript wurde im Februar 1980 abgeschlossen.

Berlin, im Mai 1980

Curt Lutz Lässig

Inhaltsübersicht

I. Die Gerichts- und Amtssprache im geltenden Recht — Übersicht, Anwendungsbereich und Bedeutung

1. Die Gerichtssprache im gerichtlichen Verfahren

Zum traditionellen Bestandteil unseres Prozeßrechts gehören die Vorschriften über die Gerichtssprache. Sie bestehen im wesentlichen aus dem lapidaren Satz „die Gerichtssprache ist deutsch", und aus einer Bestimmung über die Zuziehung eines Dolmetschers, wenn unter Beteiligung von Personen verhandelt wird, die der deutschen Sprache nicht mächtig sind. Derartige Vorschriften finden sich schon im GVG aus dem Jahre 1877[1] und gelten seit ihrem Inkrafttreten inhaltlich unverändert. Alle späteren Novellierungen und Neubekanntmachungen des GVG[2] haben sie ohne Änderungen überstanden. Die übrigen und jüngeren Prozeßordnungen verzichten insoweit auf eine eigene Regelung und begnügen sich damit, die Vorschriften der §§ 184 ff. GVG für ihr Verfahren entsprechend anwendbar zu erklären (§§ 55 VwGO, 52 Abs. 1 FGO, 61 Satz 1 SGG, 17 BVerfGG, 8 FGG)[3]. Damit gelten in allen gerichtlichen Verfahren, den Verfahren der ordentlichen streitigen und freiwilligen Gerichtsbarkeit, der allgemeinen und besonderen Verwaltungs- und der Verfassungsgerichtsbarkeit einheitliche Regelungen über die Gerichtssprache.

2. Die Amtssprache im Verwaltungsverfahren

a) Für die Verwaltungsverfahren enthalten die Verfahrensvorschriften der neuen Verwaltungsverfahrensgesetze in § 23[4] nunmehr allgemeingültige Regelungen über die Amtssprache, während es hier bislang

---

[1] §§ 186 ff. GVG vom 27. 1. 1877 (RGBl., S. 41).

[2] Insb. durch Art. 1 des G zur Wiederherstellung der Rechtseinheit auf dem Gebiete der Gerichtsverfassung, der bürgerlichen Rechtspflege, des Strafverfahrens und des Kostenrechts vom 12. 9. 1950 (BGBl., S. 455) und durch die Neubekanntmachung aufgrund G vom 9. 5. 1975 (BGBl. I, S. 1077); zur Fortentwicklung des GVG vgl. *Kissel*, 100 Jahre Gerichtsverfassungsgesetz, NJW 1979, 1953, 1955 f.

[3] Desgl. § 55 Abs. 1 des Entwurfs einer Verwaltungsprozeßordnung.

[4] Die folgenden Ausführungen gelten gleichermaßen für das VwVfG des Bundes wie für die Landes-VwVfGe, die entweder wörtlich mit § 23 VwVfG übereinstimmen (Art. 23 BayVwVfG, §§ 23 LVwVfG BW, 23 BremVwVfG, 23 HmbVwVfG, 23 HVwVfG, 23 VwVfG NW, 23 SVwVfG, 82 a SHLVwG) oder auf § 23 VwVfG verweisen (§§ 1 Abs. 1 BerlVwVfG, 1 Abs. 1 Vorl. VwVfG Nds., 1 Abs. 1 LVwVfG Rhld.-Pf.).

lediglich vereinzelte und spezielle Vorschriften gab[5], die einen nur sehr begrenzten Anwendungsbereich hatten und damit Allgemeingültigkeit nicht beanspruchen konnten. Eine entsprechende Anwendung der die Gerichtssprache regelnden Vorschriften über ihren Anwendungsbereich, die gerichtlichen Verfahren, hinaus auf die Verwaltungsverfahren wurde wegen des grundlegenden staatsfunktionellen Unterschiedes zwischen gerichtlichen Verfahren und Verwaltungsverfahren zumindest als fragwürdig angesehen[6]. Für die Verwaltungsverfahren nach der AO gilt § 87 AO, der — wie die Verfahrensvorschriften der AO insgesamt[7] — bewußt mit § 23 VwVfG inhaltlich abgestimmt wurde. Beide Vorschriften sind fast wortgleich. Für die Bereiche der Sozialverwaltung sieht der Entwurf eines SGB — Buch X, Verwaltungsverfahren[8] — in § 19 eine im Vergleich zu § 23 VwVfG, von geringfügigen Abweichungen abgesehen, inhaltsgleiche Regelung vor.

Da § 23 VwVfG weitgehend allgemeiner, schon vor Erlaß des VwVfG vertretener Rechtsanschauung entspricht[9], auf die sich der Gesetzgeber bei Schaffung der Vorschrift berufen und gestützt hat, sind dessen Regelungen als allgemeine Verfahrensgrundsätze über den eigentlichen, durch die §§ 2 und 9 VwVfG sachlich beschränkten Anwendungsbereich des VwVfG hinaus anwendbar[10]. Das gilt einmal für die aus dem Anwendungsbereich des VwVfG nach § 2 herausgenommenen Sachbereiche der öffentlichen Verwaltung[11], wenn und soweit dort keine Sondervorschriften über die Amtssprache bestehen, wie §§ 87 AO, 46 Abs. 1 OWiG i. V. m. §§ 184 ff. GVG und Entw.SGB X, § 19. So ist beispielsweise kein Grund ersichtlich, die Regelungen des § 23 VwVfG nicht in den Verwaltungsverfahren der Behörden der Justizverwaltung anzuwenden, auch wenn deren Tätigkeit nach §§ 23 ff. EGGVG der Nachprüfung durch die ordentlichen Gerichte unterliegt und damit nach § 2 Abs. 3 Nr. 1 VwVfG aus dem Anwendungsbereich des VwVfG heraus-

---

[5] z. B. § 5 AuslInvestmG, 5 BeurkG, 46 Abs. 1 OWiG i. V. m. §§ 184 ff. GVG.

[6] Weitgergehend *von Ebner*, DVBl. 1971, 341, 344: Keine Anwendung möglich; siehe aber für das verwaltungsbehördliche Bußgeldverfahren die Verweisung in § 46 Abs. 1 OWiG auf §§ 184 ff. GVG.

[7] Dazu *Lässig* in: Finkelnburg / Lässig, Verwaltungsverfahrensgesetz, 1. Lief. 1979, Einl., Rn. 5.

[8] Bundesrats-DrS. 170/78 (= Bundestags-DrS. 8/2034).

[9] Vgl. *von Ebner*, DVBl. 1971, 341, 344 f.; *Schuwerack*, SGb 1974, 447, 449 ff.

[10] Was nach der Amtl. Begründung zu § 2 VwVfG, Bundestags-DrS. 7/910, S. 33 möglich sein soll; dazu im einzelnen *Lässig* in: Finkelnburg / Lässig (o. Anm. 7), § 2 VwVfG, Rn. 4 f.; a. A. in bezug auf § 23 VwVfG: *Ule / Laubinger*, Verwaltungsverfahrensrecht, 2. Aufl. 1979, S. 144; *Stober*, VR 1979, 325 Anm. 7.

[11] Für Leistungs-, Eignungs- und ähnliche Prüfungen von Personen gilt § 23 VwVfG aufgrund von § 2 Abs. 3 Nr. 2.

Davon zu unterscheiden ist die materiell-rechtliche Frage, ob die Kenntnis der deutschen Sprache Eignungsvoraussetzung im Sinne der jeweiligen Prüfungsordnung ist.

genommen ist. Gleiches gilt etwa in den Verwaltungsverfahren vor dem Deutschen Patentamt und den bei ihm errichteten Schiedsstellen und in Lastenausgleichs- und Wiedergutmachungsverfahren, die nach § 2 Abs. 2 Nr. 3, 5, 6 VwVfG nicht unter den Anwendungsbereich des VwVfG fallen. Zum anderen bestehen keine Bedenken dagegen, § 23 VwVfG auch außerhalb eines Verwaltungsverfahrens im Sinne von § 9 VwVfG im behördlichen Verkehr mit deutschunkundigen Ausländern entsprechend anzuwenden[12], etwa bei einer behördlichen Auskunftserteilung oder bei sonstigem schlichten Verwaltungshandeln mit Außenwirkung.

b) Die Notwendigkeit der Schaffung allgemeingültiger Vorschriften über die Amtssprache und der Regelung der damit in Zusammenhang stehenden Fragen, wie die Beachtlichkeit fremdsprachiger Schriftstücke und der Fristbeginn und die Fristwahrung bei fremdsprachigen Anträgen, ergab sich für den Gesetzgeber des Verwaltungsverfahrensrechts, also des VwVfG, der AO und des SGB X, aus der großen Zahl der in der Bundesrepublik kurzzeitig oder für längere Dauer lebenden Ausländer[13], die der deutschen Sprache nicht oder unvollkommen mächtig sind. Aufgrund ihrer besonderen Situation kommen gerade sie häufig in Kontakt mit deutschen Verwaltungsbehörden. Allgemeine Verfahrensvorschriften über das Verfahren deutscher Behörden Ausländern gegenüber in sprachlicher Hinsicht sind im Interesse einfacher und effektiver Erledigung der Verwaltungsaufgaben erforderlich und dienen damit dem öffentlichen Interesse an einer funktionsfähigen Verwaltung. Sie entheben die Verwaltungsbehörden von der Notwendigkeit, in jedem einzelnen Verfahren, an dem deutschunkundige Ausländer beteiligt sind, nach der angemessensten und optimalen Verfahrensweise zu suchen.

Derartige allgemeine Verfahrensvorschriften dienen aber zugleich den Belangen des Ausländers, indem sie die zügige Erledigung seiner Angelegenheiten durch die deutschen Behörden fördern. Allgemeingültige Vorschriften über die Amtssprache im Verwaltungsverfahren bewirken schließlich eine einheitliche Verwaltungspraxis, mit der Ausländer rechnen und auf die sie sich einstellen können. Sie dienen damit der Vorhersehbarkeit und Meßbarkeit staatlichen Handelns, also der Rechtssicherheit als einem der wesentlichen Elemente einer rechtsstaatlichen Verwaltung.

c) Gegen § 23 VwVfG ist *Häberle*[14] mit schwerem Geschütz zu Felde gezogen: In § 23 verfehle das VwVfG das Grundgesetz; es handle sich um eine Regelung, die grundsätzlich an der behördlichen Durchsetzung

---

[12] Desgl. *Kopp*, Verwaltungsverfahrensgesetz, 1976, § 23 VwVfG, Anm. 1.

[13] Vgl. die Begründung der Bundesregierung zu § 23 VwVfG, Bundestags-DrS. 7/910, S. 48.

[14] In: Verwaltungsverfahren, Festschrift zum 50jährigen Bestehen des Richard-Boorberg-Verlages, 1977, S. 61 f.

der deutschen Amtssprache orientiert sei[15]. „Dabei ist das Recht auf ein faires Verfahren als wesentlicher Grundsatz eines rechtsstaatlichen Verfahrens als Jedermann-Grundrecht mißachtet". Wenn auch über das Institut der Wiedereinsetzung in den vorigen Stand Ausländern geholfen werden könne, sei es doch mehr als ein Schönheitsfehler, daß sie nur auf diesem Umweg zu einem verfassungskonformen VwVfG gelangen. „Gastarbeitern und erst recht EG-Marktbürgern gegenüber erscheint § 23 merkwürdig nationalistisch, ja anachronistisch"[16].

Die Berechtigung der von *Häberle* gegen § 23 VwVfG erhobenen Vorwürfe, die er auch auf die Vorschriften der §§ 184 ff. GVG über die Gerechtssprache erstrecken müßte und die deshalb in die folgenden rechtspolitischen, völker- und verfassungsrechtlichen Erörterungen über die Behandlung und die Stellung deutschunkundiger Ausländer vor deutschen Gerichten und Verwaltungsbehörden einbezogen werden sollen, läßt sich allerdings erst dann beurteilen, wenn man sich über den Regelungsgehalt der einschlägigen Vorschriften im einzelnen Klarheit verschafft hat. Erst auf dieser Grundlage wird es möglich sein, den Ausgangspunkt der Kritik, die Vorschriften über die Amtssprache seien „grundsätzlich an der Durchsetzung der deutschen Amtssprache orientiert", an ihrem Regelungsgehalt zu messen.

---

[15] Zuvor schon *Götz,* NJW 1976, 1425, 1427.

[16] *Häberle* (o. Anm. 14), S. 62.

II. Die Vorschriften über die Gerichts- und Amtssprache im einzelnen

Die Vorschriften der §§ 23 VwVfG, 87 AO, Entw. SGB X, § 19 über die Amtssprache im Verwaltungsverfahren sind, weil jüngeren Datums, entstanden in Kenntnis und unter Berücksichtigung des hohen Anteils deutschunkundiger Ausländer, die sich in der Bundesrepublik vorübergehend oder für längere Zeit aufhalten[17]. Bei ihrer Schaffung waren dem Gesetzgeber ferner die Verfassungsentscheidung des Grundgesetzes für eine internationale Zusammenarbeit[18] und die europäische Integrationsidee, die bei der Regelung von Sachverhalten mit Ausländerbeziehung eine wichtige Rolle spielen, bekannt. Dagegen stammen die Vorschriften der §§ 184 ff. GVG über die Gerichtssprache inhaltlich unverändert aus einer Zeit des nationalstaatlichen Isolationismus und Protektionismus, aus einer Zeit mit geringen internationalen wirtschaftlichen Verflechtungen und aus einer Zeit ohne Millionen von Gastarbeitern und ihren Familienangehörigen[19]. Zur Zeit des Inkrafttretens dieser Vorschriften war ihre Bedeutung gering; sie haben ihre gegenwärtige Bedeutung vielmehr erst in jüngster Zeit erlangt. Wenn auch das GVG insgesamt im Jahre 1975 — also zu einer Zeit, zu der die Tragweite der Vorschriften über die Gerichtssprache vor dem Hintergrund des erheblichen Ausländeranteils an der Gesamtbevölkerung der Bundesrepublik offenkundig war — neu bekanntgemacht wurde[20], so folgt daraus keinesfalls, daß der Gesetzgeber die §§ 184 ff. GVG inhaltlich in seinen Willen aufgenommen, d. h. diese Vorschriften unter dem Eindruck der geschilderten tatsächlichen Veränderungen inhaltlich bestätigt hat. Eine solche Willensaufnahme kommt allenfalls bei einer Neuverkündung alter Vorschriften in Betracht, nicht jedoch bei einer Neubekanntmachung, die ein Akt der Exekutive, nicht der Legislative ist[21]. Das Alter eines Gesetzes und grundlegende Veränderungen seit seinem Inkrafttreten sind bei

---

[17] s. die Begründung der Bundesregierung zu § 23 VwVfG (o. Anm. 13), S. 48 u. zu Entw.SGB X, § 19 (o. Anm. 8), S. 31 f.

[18] Vgl. dazu die grundlegende Monographie von *Vogel*, 1964; jüngst *Bleckmann*, DÖV 1979, 309 m. Schrifttumsangaben in Anm. 1.

[19] Nach dem jüngsten Bericht des Beauftragten der Bundesregierung für ausländische Arbeitnehmer betrug im Oktober 1979 der Ausländeranteil in der Bundesrepublik 6,5 %, zit. nach FAZ vom 12. 10. 1979, S. 1.

[20] G vom 9. 5. 1975 (BGBl. I, S. 1077).

[21] *Pestalozza*, Verfassungsprozessuale Probleme in der öffentlich-rechtlichen Arbeit, 1976, S. 119.

dessen Auslegung und Anwedung zu berücksichtigen. So hat das *Bundesverfassungsgericht* im Soraya-Beschluß dem Rechtsanwender eine mit dem Altern eines Gesetzes und mit zunehmender Veränderung der bei seinem Erlaß vorgefundenen tatsächlichen Lebensverhältnisse und Rechtsanschauungen wachsende Freiheit zugestanden, diesen Veränderungen durch eine schöpferische Rechtsfortbildung Rechnung zu tragen[22], falls das Gesetz keine neue gesetzgeberische Bestätigung in Kenntnis der veränderten Lebensverhältnisse und Rechtsanschauungen erhalten hat. Für die Bindung der rechtsanwendenden Staatsorgane an das Gesetz nach Art. 20 Abs. 3 GG macht es danach einen qualitativen Unterschied, ob gesetzliche Vorschriften, wie die §§ 184 ff. GVG, inhaltlich unverändert seit mehr als 100 Jahren gelten, oder ob sie, wie die §§ 23 VwVfG, 87 AO, Entw. SGB X, § 19 jüngsten Datums sind und in Kenntnis der geschilderten Verhältnisse geschaffen wurden. Daher sind die Gerichte bei der Auslegung der §§ 184 ff. GVG freier, sie den tatsächlichen Veränderungen anzupassen, als die Verwaltungsbehörden es bei der Auslegung und Anwendung der Vorschriften über die Amtssprache sind. Hier besteht eine strikte Bindung an den Wortlaut der Vorschriften.

1. Die Vorschriften über die Gerichtssprache (§§ 184 ff. GVG)

a) Deutsch als Gerichtssprache — Inhalt und Tragweite

§ 184 GVG sagt kurz und bündig: „Die Gerichtssprache ist deutsch". Das soll heißen: Deutsche Gerichte sprechen und schreiben deutsch.

aa) Wichtigste und umstrittenste Frage in diesem Zusammenhang ist, ob aufgrund von § 184 GVG schriftliche Erklärungen der Prozeßbeteiligten gegenüber dem Gericht nur in deutscher Sprache abgefaßt werden dürfen, fremdsprachige Erklärungen also für das Gericht unbeachtlich sind. Die Meinungen hierüber sind geteilt. Während die einhellige ältere Rechtsprechung und die heute noch überwiegende Zahl der Kommentatoren fremdsprachige Schriftstücke von Prozeßbeteiligten als unwirksam ansehen, diese also insbesondere keine Frist wahren können[23], wollen einige Entscheidungen jüngeren Datums unter vereinzelter

---

[22] *BVerfGE* 34, 269, 288 f.; vgl. ferner *J. Ipsen*, Richterrecht und Verfassung, 1975, S. 174 ff.; *Merten*, DVBl. 1975, 677, 681.

[23] *RGZ* 9, 430, 436; 31, 428, 429; 162, 282, 288; *RGSt* 67, 221, 223; *OLG München*, HRR 1941 Nr. 46; jüngst noch: *KG*, JR 1977, 29; *OLG Koblenz*, FamRZ 1978, 714; aus dem Schrifttum etwa: *Baumbach / Lauterbach / Albers / Hartmann*, Zivilprozeßordnung, 38. Aufl. 1980, § 184 GVG, Anm. 1; *Kleinknecht*, Strafprozeßordnung, 34. Aufl. 1979, § 184 GVG, Rn. 2; *Roxin*, Strafverfahrensrecht, 15. Aufl. 1979, S. 112; *Rosenberg / Schwab*, Zivilprozeßrecht, 12. Aufl. 1977, S. 110; *Eyermann / Fröhler*, Verwaltungsgerichtsordnung, 7. Aufl. 1977,

Billigung des Schrifttums aus den Grundsätzen der gerichtlichen Fürsorgepflicht gegenüber den Prozeßbeteiligten und des rechtlichen Gehörs sowie aus der Notwendigkeit einer Anpassung der Gesetzesauslegung an grundsätzliche Veränderungen der tatsächlichen Gegebenheiten fremdsprachigen Schriftstücken fristwahrende Wirkung dann zugestehen, wenn das Gericht entweder selbst über hinreichende Kenntnisse dieser Sprache verfügt oder auf sein Verlangen unverzüglich eine Übersetzung nachgereicht wird[24]. Aufgrund innerstaatlichen Rechts gilt diese Ansicht nur im Anwendungsbereich des § 3 Abs. 2 des Gesetzes zur Ausführung des Übereinkommens vom 27. 9. 1968 über die gerichtliche Zuständigkeit und die Vollstreckung gerichtlicher Entscheidungen in Zivil- und Handelssachen[25]. Danach „kann" ein deutsches Gericht, wenn entgegen § 184 GVG ein Antrag auf Erteilung der Vollstreckungsklausel für einen Titel eines Gerichts eines EG-Mitgliedstaates nicht in deutscher Sprache abgefaßt ist, dem Antragsteller die Beibringung einer beglaubigten Übersetzung des Antrages aufgeben. In diesen Fällen ist somit die Vorlage fremdsprachiger Schriftstücke nicht unbeachtlich für die deutschen Gerichte, denn das Ermessen kann sinnvollerweise nur bedeuten, daß die deutschen Gerichte bei hinreichenden eigenen Sprachkenntnissen von einem Übersetzungsverlangen absehen können; nicht jedoch, daß ihnen Auswahlermessen hinsichtlich der Rechtsfolgen Übersetzungsverlangen oder Unbeachtlichkeit des Antrages eingeräumt ist.

Besonderheiten gelten im Strafprozeß, wo eine an Art. 6 Abs. 3 lit. e EMRK[26] orientierte Anwendung von § 184 GVG dazu führt, daß fremdsprachige, der Verteidigung dienende Schriftstücke dann beachtlich sind, wenn dem deutschunkundigen Beschuldigten noch kein deutschsprachiger Verteidiger bestellt ist[27].

---

§ 55 VwGO, Rn. 14; *Kopp*, Verwaltungsgerichtsordnung, 4. Aufl. 1979, § 55 VwGO, Rn. 9; *Ziemer / Birkholz*, Finanzgerichtsordnung, 3. Aufl. 1978, § 52 FGO, Rn. 56; *Meyer-Ladewig*, Sozialgerichtsgesetz, 1977, § 61 SGG, Rn. 7; *Lechner*, Bundesverfassungsgerichtsgesetz, 3. Aufl. 1973, § 17 BVerfGG, Anm. 4; *Klein* in: Maunz / Schmidt-Bleibtreu / Klein / Ulsamer, Bundesverfassungsgerichtsgesetz, Stand: Febr. 1978, § 17 BVerfGG, Rn. 26; *Jansen*, FGG, 2. Aufl. 1969, § 8 FGG, Rn. 3; *Habscheid*, Freiwillige Gerichtsbarkeit, 6. Aufl. 1977, S. 107.

[24] *LG Berlin*, JR 1961, 384; *VGH München*, NJW 1976, 1048; NJW 1978, 510, 511; *OLG Frankfurt*, NJW 1980, 1173; *Wieczorek*, Zivilprozeßordnung u. Nebengesetze, 2. Aufl. 1975, § 184 GVG, Anm. B; *Schäfer* in: Löwe / Rosenberg, Strafprozeßordnung u. Gerichtsverfassungsgesetz, 23. Aufl. 1979, § 184 GVG, Rn. 4; *Göhler*, Ordnungswidrigkeitengesetz, 6. Aufl. 1980, § 67 OWiG, Rn. 20; *Bumiller / Winkler*, Freiwillige Gerichtsbarkeit, 3. Aufl. 1980, §§ 8, 9 FGG, Anm. 1 a; *Schneider*, MDR 1979, 534 f.

[25] Vom 29. 7. 1972 (BGBl. I, S. 1328).

[26] Europäische Konvention zum Schutze der Menschenrechte und Grundfreiheiten vom 4. 11. 1950 (BGBl. 1952, II, S. 685).

[27] *Schäfer* in: Löwe / Rosenberg (o. Anm. 24), § 184 GVG, Rn. 5; *Kleinknecht* (o. Anm. 23), § 184 GVG, Anm. 2.

bb) Für schriftliche Erklärungen der Gerichte an die Prozeßbeteiligten gilt § 184 GVG nach allgemeiner Meinung uneingeschränkt. Sämtliche Entscheidungen sind also ausnahmslos in deutscher Sprache abzufassen. Eine Verpflichtung des Gerichts zur Beifügung einer Übersetzung besteht nicht. So hat das *Bundesverfassungsgericht* wiederholt betont, daß deutschunkundige Ausländer keinen Anspruch darauf haben, daß Strafbefehle und Rechtsmittelbelehrungen in der Muttersprache des Ausländers abgefaßt sind[28], was auch für alle übrigen schriftlichen Äußerungen der Gerichte gelten muß[29]. Bei Fristversäumung infolge unzureichender Sprachkenntnisse ist aber Wiedereinsetzung in den vorigen Stand zu gewähren, wenn der Ausländer zumutbare, aber erfolglose Anstrengungen unternommen hat, um sich innerhalb der Rechtsmittelfrist über den Inhalt der gerichtlichen Entscheidung Kenntnis zu verschaffen[30].

Eine Ausnahme gilt für die Anklageschrift im Strafprozeß. Hier gibt Art. 6 Abs. 3 lit. a EMRK einen Anspruch darauf, daß sie einem Deutschunkundigen in einer Übersetzung zur Kenntnis gegeben wird[31], ebenso wie er im vorgängigen Ermittlungsverfahren „in einer für ihn verständlichen Sprache in allen Einzelheiten über die Art und den Grund der gegen ihn erhobenen Beschuldigung" in Kenntnis gesetzt werden muß (Art. 6 Abs. 3 lit. a EMRK). Geschieht dies mündlich, ist ein Dolmetscher beizuziehen[32]; geschieht dies schriftlich, ist dem deutschsprachigen Schriftstück eine Übersetzung beizufügen[33].

b) Die Zuziehung eines Dolmetschers zur mündlichen Verhandlung

Die Zuziehung eines Dolmetschers zur mündlichen Verhandlung, an der Personen beteiligt sind, die der deutschen Sprache nicht mächtig sind[34], regelt § 185 GVG. Offengelassen hat diese Vorschrift die Frage,

---

[28] *BVerfGE* 40, 95, 98 ff.; 42, 120, 123 ff.

[29] *RGZ* 9, 430, 436; 162, 282, 288; *RGSt* 67, 221, 223; *BayObLGZ* 1973, 336, 338; *BayObLG*, NJW 1977, 1596; *OLG Hamburg*, NJW 1978, 2462, *BVerwG*, BayVBl. 1973, 443 u. allgem. M. etwa: *Schäfer* in: Löwe / Rosenberg (o. Anm. 24), § 184 GVG, Rn. 6; *Baumbach / Lauterbach / Albers / Hartmann* (o. Anm. 23), § 184 GVG, Anm. 1; *Rosenberg / Schwab* (o. Anm. 23), S. 110; *Kleinknecht* (o. Anm. 23), § 184 GVG, Rn. 3.

[30] Einzelheiten unten S. 101 ff.

[31] *LG Essen*, NJW 1966, 1624; *Schäfer* in: Löwe / Rosenberg (o. Anm. 24), § 184 GVG, Rn. 6.

[32] Zum Anspruch auf Zuziehung eines Dolmetschers zum Verteidigergespräch: *LG Bonn*, MDR 1974, 776.

[33] Enger: *Kleinknecht* (o. Anm. 23), § 184 GVG, Rn. 3: Kein Gebrauch einer fremden Sprache, sondern zwingende Einschaltung eines Dolmetschers, also wohl stets nur mündliche Bekanntmachung; vgl. auch *BayObLGZ* 1975, 382: Mündliche Bekanntgabe des Beschlusses über die Anordnung der Abschiebungshaft über einen Dolmetscher genügt den Anforderungen der EMRK.

inwieweit die Verhandlung bei hinreichenden Fremdsprachenkenntnissen sämtlicher Beteiligter fremdsprachig geführt werden und die Zuziehung eines Dolmetschers unterbleiben darf. Daß der Gebrauch von Fremdsprachen in der mündlichen Verhandlung nicht durch § 184 GVG generell ausgeschlossen ist, ergibt sich aus §§ 185 Abs. 2, 187 Abs. 2 GVG[35].

Was den Umfang fremdsprachig geführter mündlicher Verhandlungen angeht, so sind nur einzelne Aussagen fremdsprachiger Zeugen oder die Anhörung einer fremdsprachigen Prozeßpartei ohne anschließende Übersetzung durch einen Dolmetscher zugelassen und nicht etwa die Führung der gesamten mündlichen Verhandlung einschließlich der mündlichen Urteilsverkündung in fremder Sprache[36]. Verfügt das Gericht über entsprechende Fremdsprachenkenntnisse, so sollte es von der Möglichkeit, Teile der mündlichen Verhandlung, insbesondere wichtige Zeugen- oder Parteivernehmungen ohne Dolmetscher zu führen, nur sehr zurückhaltend und unter engen Voraussetzungen Gebrauch machen[37]. Insbesondere gebietet der Grundsatz der Öffentlichkeit des Verfahrens (§ 169 GVG, §§ 55 VwGO, 51 Abs. 1 FGO, 61 Satz 1 SGG, 17 BVerfGG i. V. m. § 169 GVG)[38], daß die Öffentlichkeit nicht faktisch dadurch ausgeschlossen wird, indem die mündliche Verhandlung in einer fremden Sprache geführt wird[39]. Daher hat der Vorsitzende oder ein Mitglied des Gerichts fremdsprachige, ohne Dolmetscher durchgeführte Zeugen- oder Parteivernehmungen selbst ins Deutsche zu übersetzen. Damit ist zugleich ausgeschlossen, daß deutsche Prozeßbeteiligte mit entsprechenden Fremdsprachenkenntnissen in der mündlichen Verhandlung die Notwendigkeit der Zuziehung eines Dolmetschers verneinen, nachträglich jedoch behaupten können, sie hätten doch nicht alles genau verstanden und sich folglich zu den fremdsprachigen Zeugenaussagen oder Parteivernehmungen nicht hinreichend äußern können.

---

[34] Zur Frage, ob für einen gebrochen deutsch sprechenden Ausländer ein Dolmetscher zuzuziehen ist vgl. *OLG Frankfurt*, NJW 1952, 1310; *BGHSt* 3, 285, 286; *BSG*, NJW 1957, 1087 f.

[35] Desgl. *Kleinknecht* (o. Anm. 23), § 184 GVG, Rn. 2; a. A.: *Ule*, Verwaltungsprozeßrecht, 7. Aufl. 1978, S. 216: Ausschließlich deutsche Sprache wegen § 184 GVG; widersprüchlich: *Schäfer* in: Löwe / Rosenberg (o. Anm. 24), § 184 GVG, Rn. 9 u. § 185 GVG, Rn. 14.

[36] *KG*, HRR 1935 Nr. 991; *Schäfer* in: Löwe / Rosenberg (o. Anm. 24), § 185 GVG, Rn. 14; wohl auch *Baumbach / Lauterbach / Albers / Hartmann* (o. Anm. 23), § 185 GVG, Anm. 1 A; enger: *Kleinknecht* (o. Anm. 23), § 185 GVG, Rn. 9: Vernehmungen außerhalb der Hauptverhandlung im Strafprozeß.

[37] Für das Verfahren der freiwilligen Gerichtsbarkeit s. § 9 FGG: Kein Dolmetscher bei Fremdsprachenkenntnissen des Richters; Einzelheiten bei *Jansen* (o. Anm. 23), § 8 FGG, Rn. 6.

[38] Dazu insbesondere *Grunsky*, Grundlagen des Verfahrensrechts, 2. Aufl. 1974, S. 224 ff. m. rechtspolitischer Kritik u. w. N.

[39] Nach *Peters*, Strafprozeß — Ein Lehrbuch, 1966, S. 487 ist wegen dieses Grundsatzes im Strafprozeß stets ein Dolmetscher zuzuziehen.

Eine Einschränkung des § 185 Abs. 1 GVG enthält § 259 Abs. 1 StPO für die Schlußvorträge in der Hauptverhandlung im Strafprozeß, von denen dem deutschunkundigen Angeklagten „mindestens die Anträge des Staatsanwalts und des Verteidigers durch den Dolmetscher bekanntgemacht werden müssen."

Für das Verfahren vor dem Urkundsbeamten der Geschäftsstelle oder dem Rechtspfleger ist § 185 GVG entsprechend anzuwenden, wenn ein Deutschunkundiger Erklärungen zu Protokoll gibt[40].

c) Kostenfolgen der Deutschunkenntnis

Ist eine Partei oder sind im Zivilprozeß beide Parteien der deutschen Gerichtssprache unkundig, so hat die Notwendigkeit der Übersetzung fremdsprachiger Schriftstücke und der Zuziehung eines Dolmetschers zur mündlichen Verhandlung beträchtliche Auswirkungen auf den Umfang der Kosten des Rechtsstreits.

aa) Im Zivil-, allgemeinen Verwaltungs- und Finanzgerichtsprozeß gilt der Grundsatz, daß die unterlegene Partei verurteilt wird, die Kosten des Rechtsstreits zu tragen (§§ 91 Abs. 1 Satz 1 ZPO, 154 Abs. 1 VwGO, 135 Abs. 1 FGO)[41]. Sie wird damit Schuldner der Gerichtskosten (§ 54 Nr. 1 GKG)[42] und hat dem Prozeßgegner dessen Kosten, soweit sie zur zweckentsprechenden Rechtsverfolgung oder Rechtsverteidigung notwendig waren, zu erstatten (§§ 91 Abs. 1 Satz 1 ZPO, 162 Abs. 1 VwGO, 139 Abs. 1 FGO)[43]. Zu den Gerichtskosten zählen auch die Auslagen für den in der mündlichen Verhandlung zugezogenen Dolmetscher (§ 11 Abs. 1 GKG i. V. m. Nr. 1904 der Anlage zum GKG, § 17 ZSEG)[44]. Als dem Prozeßgegner zu erstattende, weil zur zweckentsprechenden Rechtsverfolgung oder Rechtsverteidigung notwendige Kosten, werden heute allgemein die Kosten für die Übersetzung von Schriftstücken, die im Prozeß vorgelegt werden, sowie von gerichtlichen Entscheidungen anerkannt[45]. Die Erstattungsfähigkeit dieser Kosten hängt allein von ihrer

---

[40] *Schuwerack,* SGb 1974, 447, 448; *BayObLG,* RPfleger 1977, 133; *Baumbach / Lauterbach / Albers / Hartmann* (o. Anm. 23), § 185 GVG, Anm. 1 A.

[41] Nicht im SGG, statt vieler: *Meyer-Ladewig* (o. Anm. 23), § 193 SGG, Rn. 1 u. in den Verfahren vor dem BVerfG: § 34 BVerfGG.

[42] Gerichtskostenfreiheit nach §§ 183 SGG, 34 Abs. 1 BVerfGG.

[43] Im Finanzprozeß nicht für Aufwendungen der Finanzbehörden: § 139 Abs. 2 FGO; im sozialgerichtlichen Verfahren steht die Verurteilung und ihr Umfang im Ermessen des Gerichts: § 193 Abs. 1 SGG; nicht erstattungsfähig sind auch hier Aufwendungen der Behörden, Körperschaften und Anstalten des öffentlichen Rechts: § 193 Abs. 4 SGG; zu den Verfahren vor dem BVerfG: § 34 Abs. 2 - 4 BVerfGG.

[44] s. *Lappe,* Gerichtskostengesetz, 1975, Anm. zum Kostenverzeichnis Nr. 1904.

[45] *LG Hamburg,* MDR 1962, 579; 1963, 229; *Hans. OLG,* MDR 1962, 580; *LG Berlin,* Jur. Büro 1970, 324; *Wieczorek* (o. Anm. 24), § 91 ZPO, Anm. E III a 5,

Notwendigkeit im konkreten Fall ab, die also von deutschkundigen Prozeßparteien nicht damit negiert werden kann, daß der Umstand der Unkenntnis der deutschen Gerichtssprache allein in der Person des Prozeßgegners begründet sei und er damit auch für die dadurch entstehenden Kosten einzustehen habe[46]. Das gilt allerdings dann nicht, wenn die Kosten unter den gegebenen Umständen nicht notwendig waren, etwa weil eine mündliche Information des Deutschunkundigen über den Inhalt einer Entscheidung durch seinen Anwalt genügt hätte[47]. Erstattungspflichtig sind die Kosten eines Verkehrsanwalts einer ausländischen Partei, also eines deutschsprachigen ausländischen Anwalts oder eines deutschen Anwalts mit entsprechenden Fremdsprachenkenntnissen[48], und zwar auch in Verfahren ohne Anwaltszwang. Für eine Partei, die der deutschen Gerichtssprache unkundig ist, folgt in der Regel allein aus dieser Tatsache die Notwendigkeit, zur zweckentsprechenden Wahrnehmung ihrer Rechte, sich eines deutschkundigen Anwalts zu bedienen[49]. Erstattungspflichtig sind regelmäßig auch die Kosten für die Übersetzung der Korrespondenz zwischen der ausländischen Prozeßpartei und dem deutschen Anwalt; auch dann, wenn die Übersetzungen durch den Anwalt selbst erfolgen, weil diese zusätzliche Tätigkeit für seinen Mandanten durch das Anwaltshonorar nicht abgegolten wird[50].

Ausländer, die als Kläger vor deutschen Gerichten auftreten, haben zusätzlich auf Verlangen des Beklagten wegen der Prozeßkosten Sicherheit zu leisten (§ 110 Abs. 1 ZPO)[51], ausgenommen bei materieller Gegenseitigkeit[52], wenn also nach den Gesetzen des klägerischen Heimat-

---

E IV c 2; *Baumbach / Lauterbach / Albers / Hartmann* (o. Anm. 23), § 91 ZPO, Anm. 5 „Übersetzungskosten"; *Thomas / Putzo*, Zivilprozeßordnung, 10. Aufl. 1978, § 91 ZPO, Anm. 3 i ee.

[46] *LG Hamburg*, MDR 1962, 579.

[47] *LG Waldshut*, VersR 1974, 70.

[48] *Wieczorek* (o. Anm. 25), § 91 ZPO, Anm. E IV b 3 m. w. N.

[49] Dies ist für die Erstattungsfähigkeit von Anwaltskosten im verwaltungsbehördlichen Widerspruchsverfahren bejaht worden, vgl. *VG Karlsruhe*, AnwBl. 1978, 463 f., gilt im verwaltungsgerichtlichen Verfahren, wo § 162 Abs. 2 Satz 1 VwGO gleichfalls unter dem Vorbehalt der Notwendigkeit eines Anwalts steht (s. *Kopp*, o. Anm. 12, § 162 VwGO, Rn. 10 m. w. N.) u. muß auch für alle gerichtlichen Verfahren ohne Anwaltszwang gelten.

[50] *Hans. OLG*, MDR 1962, 580; LG *Hamburg*, MDR 1963, 229; *OLG Celle*, NJW 1960, 1306; *LG Waldshut*, VersR 1974, 70; *OLG Karlsruhe*, MDR 1978, 674.

[51] Einzelheiten bei *Henn*, Ausländer-Sicherheitsleistung für Prozeßkosten, NJW 1969, 1374; gem. §§ 173 VwGO, 155 FGO gelten die §§ 110 - 113 ZPO entspr. im allgemeinen Verwaltungs- und Finanzgerichtsprozeß: s. *Baumbach / Lauterbach / Albers / Hartmann* (o. Anm. 23), § 110 ZPO, Anm. 4.

[52] Die rechtspolitischen und verfassungsrechtlichen Bedenken, die *Berkemann*, JZ 1979, 545, 546 ff. an der Verbürgung der Gegenseitigkeit bei der Armenrechtsgewährung für Ausländer äußert, müßten auch für die Ausländersicherheitsleistung gelten, denn hinter § 110 Abs. 2 Nr. 1 u. § 114 Abs. 2 Satz 1 ZPO steckt der gleiche Gedanke!

staates ein Deutscher in gleichem Falle dort zur Sicherheitsleistung nicht verpflichtet ist (§ 110 Abs. 2 Nr. 1 ZPO)[53].

bb) Besonderheiten gelten wiederum im Strafprozeß, wo der Veranlassungsgrundsatz der §§ 465 Abs. 1 Satz 1, 464 a Abs. 1 Satz 1 StPO, nach dem der Angeklagte die Gebühren und Auslagen der Staatskasse insoweit zu tragen hat, als sie durch das Verfahren wegen einer Tat entstanden sind, deretwegen er verurteilt oder eine Maßregel der Besserung und Sicherung gegen ihn angeordnet wird, durch Art. 6 Abs. 3 lit. e EMRK erheblich modifiziert wird. Diese Vorschrift wird zunehmend dahin ausgelegt, daß die Zuziehung eines Dolmetschers zur mündlichen Verhandlung[54] für deutschunkundige Ausländer selbst im Falle ihrer Verurteilung unentgeltlich zu erfolgen habe, Art. 6 Abs. 3 lit. e EMRK somit nicht lediglich verbiete, die Zuziehung des Dolmetschers von einer Vorschußzahlung des Ausländers abhängig zu machen[55]. Wie der *Europäische Gerichtshof für Menschenrechte* (EGMR) in seinem Urteil vom 23. 10. 1978 ausgeführt hat, würde eine Belastung des fremdsprachigen Angeklagten mit den Dolmetscherkosten im Falle seiner Verurteilung bedeuten, daß die Rechtswohltat des Art. 6 Abs. 3 lit. e EMRK zeitlich beschränkt wäre und praktisch allen Angeklagten vorenthalten würde, die später verurteilt werden. Damit würden die Nachteile bestehen bleiben, die ein der Verhandlungssprache Unkundiger ausgesetzt ist, deren Milderung gerade das Ziel des Art. 6 Abs. 3 lit. e EMRK sei. Im übrigen ließe sich nicht ausschließen, daß die Belastung mit den Dolmetscherkosten Rückwirkungen auf die Ausübung des Rechts auf ein faires Verfahren hätte. „Das Recht auf ein faires Verfahren, das Art. 6 EMRK sichern will, wäre in seinem Kern berührt"[56]. Dies hat das *LG Ansbach* jüngst auf das Einspruchsverfahren gegen einen Bußgeldbescheid ausgedehnt, weil Art. 6 EMRK ein faires Verfahren garantiere, unabhängig davon, ob die Handlung, deren der Beschuldigte bezichtigt wird, als kriminelles Unrecht oder als Ordnungswidrigkeit eingestuft werde[57].

---

[53] Zu weiteren Ausnahmen s. § 110 Abs. 2 Nr. 2 - 5 ZPO.

[54] Nicht zu Gesprächen zwischen Wahlverteidiger u. Angeklagten: *KG*, Goldt Arch 1977, 278, 279.

[55] *EGMR*, NJW 1979, 1091 f.; m. Anm. *Vogler*, EuGRZ 1979, 640; *EKMR*, NJW 1978, 477 f.; *LG Bonn*, Jur. Büro 1978, 1849; *AG Bremerhaven*, NJW 1963, 827; *AG Geilenkirchen*, NJW 1971, 2320 f.; *AG Berlin-Tiergarten*, NJW 1978, 2462; *Schmidt*, NJW 1974, 90; *Bussmann*, NJW 1976, 458 ff.; *Setsevits*, MDR 1976, 545 f.; *Schorn*, Die Europäische Konvention zum Schutz der Menschenrechte und Grundfreiheiten, 1965, S. 234; *Guradze*, Die Europäische Menschenrechtskonvention, Art. 6 EMRK, Anm. 38; *Kleinknecht* (o. Anm. 23), § 464 a StPO, Rn. 17; a. A.: *LG Mannheim*, RPfleger 1965, 52; *LG Darmstadt*, RPfleger 1974, 451; *OLG Köln*, NJW 1975, 1615, 1616 f.; *LG Aschaffenburg*, Jur. Büro 1979, 1040 m. Anm. *Mümmler; Meyer*, MDR 1974, 194 ff.; *ders.*, NJW 1974, 1175; krit. auch *Kissel*, NJW 1979, 1953, 1959.

[56] *EGMR*, NJW 1979, 1091 sub 42.

[57] NJW 1979, 2484.

Eine solche Interpretation muß jedenfalls auf erhebliche rechtspolitische Bedenken stoßen. Es ist schlechterdings nicht einzusehen, weshalb Ausländern, die ihren Aufenthalt in der Bundesrepublik zur Begehung strafbarer Handlungen mißbrauchen oder vielleicht sogar nur zur Begehung stafbarer Handlungen einreisen, ausnahmslos auf Kosten der Staatskasse — also auf Kosten der deutschen Steuerzahler (!) — ein Dolmetscher im Strafverfahren gestellt werden soll[58]. Oft ist gerade dieser Personenkreis, man denke etwa an ausländische Rauschgifthändler, Waffenschmuggler oder Mitglieder terroristischer Organisationen, alles andere als finanziell bedürftig! Mir scheint eine differenzierende Lösung des Problems dringend geboten.

2. Die Vorschriften über die Amtssprache (§§ 23 VwVfG, 87 AO, Entw.SGB X, § 19)

a) Deutsch als Amtssprache — Inhalt und Tragweite

aa) In bewußter Anlehnung an § 184 GVG bestimmen §§ 23 Abs. 1 VwVfG, 87 Abs. 1 AO: „Die Amtssprache ist deutsch!“[59] — was für Behörden ebenso wie für Gerichte heißen sollte: Klares, einfaches und verständliches Deutsch[60]. Diese Vorschriften erfassen nur Äußerungen der Behörden an die Verfahrensbeteiligten, also nicht umgekehrt Äußerungen der Verfahrensbeteiligten an die Behörden. Dafür sind die Absätze 2 - 4 der §§ 23 VwVfG, 78 AO und Entw.SGB X, § 19 leges speciales, die die Beachtlichkeit fremdsprachiger Anträge und Schriftstücke (Abs. 2) sowie den Fristbeginn und die Fristwahrung bei fremdsprachigen Anzeigen, Anträgen oder Willenserklärungen (Abs. 3 und 4) regeln; Fragen, die als besonders regelungsbedürftig angesehen wurden[61]. Aus den Absätzen 2 - 4 der §§ 23 VwVfG, 87 AO, Entw.SGB X, § 19 folgt also die grundsätzliche Beachtlichkeit fremdsprachiger Anträge etc. für die Behörden, so daß die in den gerichtlichen Verfahren ungeklärte Streitfrage der Beachtlichkeit fremdsprachiger Schriftstücke[62] hier eine ausdrückliche Regelung gefunden hat.

bb) §§ 23 Abs. 1 VwVfG, 87 Abs. 1 AO, Entw.SGB X, § 19 Abs. 1 gelten für schriftliche und mündliche Äußerungen der Behörden[63]. Fraglich ist

---

58 Ähnl. Bedenken äußert *Kissel*, NJW 1979, 1953, 1959.

59 Wortgleich Entw. SGB X, § 19 Abs. 1.

60 Dazu: *Bank*, DVBl. 1971, 602; *Otto*, BayVBl. 1978, 481; vorbildlich § 62 Abs. 1 der Gemeinsamen GeschäftsO für die Berliner Verwaltung — Allgem. Teil vom 18. 2. 1975 (ABl., S. 573).

61 Vgl. *von Ebner*, DVBl. 1971, 341, 344 f.; *Schuwerack*, SGb 1974, 447, 449 ff.

62 s. oben S. 16 f.

63 Wie hier: *Clausen* in: Knack (Hrsg.), Verwaltungsverfahrensgesetz, 1976, § 23 VwVfG, Rn. 3; *Ule / Laubinger* (o. Anm. 10), S. 144 f.; a. A.: *Leonhardt* in: Stelkens / Bonk / Leonhardt, Verwaltungsverfahrensgesetz, 1978, § 23 VwVfG,

allerdings, ob es sich trotz ihres auf Verbindlichkeit hindeutenden Wortlauts um zwingende Regelungen handelt, die es den Behörden schlechthin verwehren, sich in einer fremden Sprache zu äußern mit der Folge, daß derartige Äußerungen ausnahmslos unverbindlich sind[64]. Nach den Gesetzesbegründungen und allgemeiner Meinung soll es den Behörden durch diese Vorschriften nicht verwehrt sein, sich Ausländern gegenüber „in der täglichen Verwaltungspraxis“ — was in diesem Zusammenhang wohl heißen soll: Im mündlichen Umgang mit ihnen — in deren Heimatsprache zu äußern[65]. Es wäre ja auch schlechterdings nicht einzusehen, eine Behörde selbst dann ausnahmslos auf den Gebrauch der deutschen Sprache zu verpflichten, wenn ihre Amtswalter hinreichende Fremdsprachenkenntnisse besitzen. Behörden, die für stark ausländeransässige Bezirke bzw. spezifisch ausländerbezogene Verwaltungsaufgaben zuständig sind, verfügen heute teilweise über eigene Dolmetscher oder Bedienstete mit Fremdsprachenkenntnissen[66]. Die Verwendung dieser Kenntnisse im Umgang mit deutschunkundigen Ausländern als durch die §§ 23 Abs. 1 VwVfG, 87 Abs. 1 AO, Entw.SGB X, § 19 Abs. 1 ausgeschlossen anzusehen, würde zudem einen Rückschritt hinter die Rechtslage vor Erlaß dieser Vorschriften bedeuten[67]. Hinzu kommt, daß bei Auslegung und Anwendung der Vorschriften über die Amtssprache die das Verwaltungsverfahren tragenden Grundsätze einfacher, zweckmäßiger, rascher und kostensparender Verfahrensweise (§ 10 Satz 2 VwVfG[68]) zu berücksichtigen sind. Damit kann unter Umständen der Gebrauch einer Fremdsprache sogar zur Pflicht für die Behörde werden, etwa wenn dies für sie nennenswerten Mehraufwand nicht bedeutet, dem Deutschunkundigen aber erhebliche Schwierigkeiten, Zeitverlust und Kosten erspart werden.

Rn. 10; *Borgs* in: Meyer / Borgs, Verwaltungsverfahrensgesetz, 1976, § 23 VwVfG, Rn. 3: Nicht für behördliche Schreiben, deren Sprache im VwVfG nicht geregelt sein soll.

[64] Dafür nur *Ule / Laubinger* (o. Anm. 10), S. 144.

[65] Begründung der Bundesregierung zu § 23 VwVfG (o. Anm. 13), S. 48; *Kopp* (o. Anm. 12), § 23 VwVfG, Anm. 2; *Borgs* in: Meyer / Borgs (o. Anm. 63), § 23 VwVfG, Rn. 2; *Clausen* in: Knack (o. Anm. 63), § 23 VwVfG, Rn. 3; *Leonhardt* in: Stelkens / Bonk / Leonhardt (o. Anm. 63), § 23 VwVfG, Rn. 7; *Braun / von Rotberg*, Verwaltungsverfahrensgesetz für Baden-Württemberg, 1977, § 23 LVwVfG BW, Anm. 1; *Koch*, Abgabenordnung, 1976, § 87 AO, Rn. 3; *Klein / Orlopp*, Abgabenordnung, 2. Aufl. 1979, § 87 AO, Anm. 2; a. A. nur *Ule / Laubinger* (o. Anm. 10), S. 144.

[66] Vgl. das Bsp. bei *von Ebner*, DVBl. 1971, 341, 345 Anm. 27 sowie *VG Darmstadt*, DAR 1978, 327, 328 zur Verwaltungspraxis bei der theoretischen Fahrerlaubnisprüfung: Fragebogen in 7 Fremdsprachen!

[67] Dazu: *von Ebner*, DVBl. 1971, 341, 344; *Schuwerack*, SGb 1974, 447, 449.

[68] Zum Inhalt dieser Grundsätze im einzelnen: *Lässig* in: Finkelnburg / Lässig (o. Anm. 7), § 10 VwVfG, Rn. 28 ff.; sie gelten als ungeschriebenes Verwaltungsrecht auch für die Verwaltungsverfahren nach der AO, wo eine dem § 10 Satz 2 VwVfG entsprechende Vorschrift fehlt.

cc) Unklar ist jedoch die Tragweite der §§ 23 Abs. 1 VwVfG, 87 Abs. 1 AO, Entw.SGB X, § 19 Abs. 1 bei schriftlichen Äußerungen der Behörde. Merkblätter, Broschüren, Formulare und dergleichen dürfen nach allgemeiner Meinung trotz dieser Vorschriften auch innerhalb eines Verwaltungsverfahrens im Sinne von § 9 VwVfG, Entw.SGB X, § 8[69] in fremden Sprachen herausgegeben werden[70]. Die in der Amtlichen Begründung zu § 23 VwVfG getroffene Unterscheidung zwischen „der täglichen Verwaltungspraxis", wo eine Fremdsprache benutzt werden darf, und „amtlichen Mitteilungen, Entscheidungen, Bescheiden usw.", wo „die deutsche Sprache maßgeblich bleibt"[71], ist unklar und als Kriterium für die Befugnis der Behörden zur Verwendung einer Fremdsprache ungeeignet. Der Erlaß schriftlicher Verwaltungsakte — „amtliche Bescheide" in der Terminologie der Begründung — ist ja für zahllose Behörden ihre „tägliche Verwaltungspraxis". Ich meine deshalb, daß man bei sämtlichen schriftlichen Behördenäußerungen, also allen Verfügungen, Entscheidungen, Maßnahmen[72], Zusicherungen sowie allen schriftlichen Äußerungen ohne Regelungscharakter, wie Rechtsbehelfsbelehrungen und Auskünften, nicht anders verfahren sollte als bei mündlichem Umgang von Behörden mit deutschunkundigen Ausländern. Das heißt: Die Vorschriften der §§ 23 Abs. 1 VwVfG, 87 Abs. 1 AO, Entw. SGB X, § 19 Abs. 1 sind auch insoweit nicht zwingend; vielmehr sind die Behörden unter Berücksichtigung der das Verwaltungsverfahren beherrschenden Grundsätze einfacher und zweckmäßiger Verfahrensgestaltung hier — ebenso wie bei allen anderen Formen der Verständigung mit Ausländern — befugt, sich ihrer Fremdsprachenkenntnisse zu bedienen und schriftliche Erklärungen fremdsprachig abzufassen. Damit ist nicht nur die unglückliche Differenzierung zwischen „täglicher Verwaltungspraxis" und „amtlichen Mitteilungen, Entscheidungen, Bescheiden usw." aufgegeben, sondern zugleich eine an den fundamentalen Grundsätzen des Verwaltungsverfahrens orientierte und überdies ausländerfreundlichere Auslegung und Anwendung der Vorschriften über die Amtssprache gewonnen[73]. Dadurch unterscheiden sich die §§ 23 Abs. 1 VwVfG, 87 Abs. 1 AO, Entw.SGB X, § 19 Abs. 1 von § 184 GVG. Wäh-

[69] Zur Geltung dieses Verfahrensbegriffes in der AO: *Lässig*, DVBl. 1979, 561, 562.

[70] Begründung zu § 23 VwVfG (o. Anm. 13), S. 48; *Kopp* (o. Anm. 12), § 23 VwVfG, Anm. 2; *Clausen* in: Knack (o. Anm. 63), § 23 VwVfG, Rn. 3; *Leonhardt* in: Stelkens / Bonk / Leonhardt (o. Anm. 63), § 23 VwVfG, Rn. 8; *Braun / von Rotberg* (o. Anm. 65), § 23 LVwVfG BW, Anm. 1; *Koch* (o. Anm. 65), § 87 AO, Rn. 3; *Klein / Orlopp* (o. Anm. 65), § 87 AO, Anm. 2.

[71] Begründung (o. Anm. 13), S. 48.

[72] So die verunglückte Formulierung der §§ 35 Satz 1 VwVfG, 118 Satz 1 AO, Entw. SGB X, § 29 Satz 1 bei der Definition des Verwaltungsaktes.

[73] Zum Grundsatz der Nichtförmlichkeit als Auslegungsrichtlinie für Vorschriften des VwVfG allgemein: *Lässig* in: Finkelnburg / Lässig (o. Anm. 7), § 10 VwVfG, Rn. 6 m. w. N.

rend es sich bei § 184 GVG um eine zwingende prozeßrechtliche Vorschrift handelt[74], die im Sinne der Formenstrenge gerichtlicher Verfahren auszulegen ist, sind die Vorschriften über die Amtssprache allgemeines Verwaltungsverfahrensrecht und nehmen als solche an dessen weitgehender Dispositivität zum Zwecke einfacher und zweckmäßiger Erfüllung der Verwaltungsaufgaben teil. Allgemeines Verwaltungsverfahrensrecht ist deshalb regelmäßig elastischer als Prozeßrecht, indem den Behörden in wesentlichen größerem Umfang Ermessensfreiheit eingeräumt wird, ihre Verfahrensweise den Erfordernissen und Besonderheiten des Einzelfalles anzupassen[75]. In diesem Licht müssen auch die Vorschriften über die Amtssprache in bezug auf schriftliche Behördenerklärungen gesehen werden.

Diese Sicht reduziert die Bedeutung der §§ 23 Abs. 1 VwVfG, 87 Abs. 1 AO, Entw.SGB X, § 19 Abs. 1 keineswegs auf Null. Ihre Bedeutung liegt vielmehr in der Klarstellung, daß Ausländer regelmäßig keinen Anspruch darauf haben, daß sich deutsche Behörden ihnen gegenüber ihrer Muttersprache oder einer ihnen verständlichen dritten Sprache bedienen. Ein in deutscher Sprache abgefaßter schriftlicher Verwaltungsakt ist somit, auch wenn der Adressat Ausländer ist, regelmäßig rechtmäßig und seine Rechtsbehelfsbelehrung setzt die Widerspruchs- und Klagefrist in Lauf[76]. Ist die Behörde ausnahmsweise — und diese Ausnahmen sind eng zu fassen — aufgrund von § 10 Satz 2 VwVfG zum Gebrauch einer Fremdsprache verpflichtet, so ist ein in deutscher Sprache abgefaßter Verwaltungsakt zwar objektiv rechtswidrig, verletzt aber keine subjektiven Rechte des Adressaten im Sinne von § 42 Abs. 2 VwGO, weil aus der Verletzung von § 10 Satz 2 VwVfG nicht die Fehlerhaftigkeit der Entscheidung folgt, die das Verfahren beendet[77]. Ein in der Muttersprache eines deutschunkundigen Adressaten oder einer ihm verständlichen dritten Sprache abgefaßter Verwaltungsakt ist nach dem Gesagten rechtmäßig und setzt die Rechtsbehelfsfrist in Lauf. Das scheint auch das *Bundesverwaltungsgericht* anzunehmen, wenn „die allein in deutscher

[74] *RGSt* 67, 221, 223; *BayObLGZ* 1973, 336, 338; *LG Berlin*, JR 1961, 384; *KG*, HRR 1935 Nr. 991; *BayObLG*, DVBl. 1977, 113, 114 m. w. N. u. allgem. M., statt vieler: *Schäfer* in: Löwe / Rosenberg (o. Anm. 24), § 184 GVG, Rn. 9; *Baumbach / Lauterbach / Albers / Hartmann* (o. Anm. 23), § 184 GVG, Anm. 1.

[75] Dazu insbes. *Kopp*, Verfassungsrecht und Verwaltungsverfahrensrecht, 1971, S. 65 f.

[76] *BVerwG*, DÖV 1974, 788; NJW 1978, 1988; *VG Kassel*, NJW 1977, 543; *VGH München*, NJW 1977, 1213; *BFH*, BB 1976, 773; vgl. auch *VG Darmstadt*, DAR 1978, 327, 328: Kein Anspruch auf Fragebogen bei der theoretischen Fahrerlaubnisprüfung in der Muttersprache des Prüflings.

[77] Allgemein. M.: *Lässig* in: Finkelnburg / Lässig (o. Anm. 7), § 10 VwVfG, Rn. 34; *Kopp* (o. Anm. 12), § 10 VwVfG, Anm. 4 c; *Borgs* in: Meyer / Borgs (o. Anm. 63), § 10 VwVfG, Rn. 3; *Clausen* in: Knack (o. Anm. 63), § 10 VwVfG, Rn. 3. 4.; *Leonhardt* in: Stelkens / Bonk / Leonhardt (o. Anm. 63), § 10 VwVfG, Rn. 7.

Sprache ordnungsmäßig erteilte Rechtsmittelbelehrung" — was wohl heißen soll: die Rechtsmittelbelehrung ohne Beifügung einer Übersetzung — den Fristlauf bewirkt[78] — also nicht: allein die deutsche Rechtsmittelbelehrung diese Wirkung hat!

dd) Obwohl regelungsbedürftig, ist die Frage ungeregelt geblieben, ob die Behörde zur Zuziehung eines Dolmetschers im mündlichen Umgang mit Deutschunkundigen verpflichtet ist. In der mündlichen Verhandlung im förmlichen Verwaltungsverfahren wird wegen dessen Justizförmigkeit § 185 GVG für entsprechend anwendbar gehalten[79]. Bei nur mündlichem Verkehr mit Ausländern im nichtförmlichen Verfahren ist die Pflicht zur Zuziehung eines Dolmetschers eine Frage des rechtlichen Gehörs[80]. Ist die Behörde aufgrund eines Rechtssatzes zur Gewährung des rechtlichen Gehörs nicht verpflichtet, kann auch keine Verpflichtung bestehen, einen Dolmetscher zuzuziehen. Selbst wenn und soweit die Behörde zur Anhörung verpflichtet ist, steht ihre Form, mündlich oder schriftlich, regelmäßig in ihrem Ermessen[81]. Im Normalfall dürfte ohnehin die schriftliche Anhörung einfacher und zweckmäßiger sein, so daß die schriftliche Äußerung des deutschunkundigen Ausländers der Regelung der §§ 23 Abs. 2 VwVfG, 87 Abs. 2 AO, Entw.SGB X, § 19 Abs. 2 unterfällt. Wenn aber die Behörde den Ausländer in den Fällen rechtssatzmäßiger Verpflichtung zur Gewährung des rechtlichen Gehörs mündlich anhört, so hat sie in entsprechender Anwendung von § 185 GVG bei mangelnden eigenen Fremdsprachenkenntnissen einen Dolmetscher zuzuziehen, weil nur dadurch dem Anspruch des Ausländers auf Gewährung von rechtlichem Gehör hinreichend Rechnung getragen wird[82].

b) Beachtlichkeit fremdsprachiger Schriftstücke für die Behörden

Die Vorlage fremdsprachiger Schriftstücke[83] im Verwaltungsverfahren ist nicht, wie im gerichtlichen Verfahren überwiegend angenommen wird, unbeachtlich. Vielmehr löst sie nach §§ 23 Abs. 2 Satz 1 VwVfG, 87 Abs. 2 Satz 1 AO, Entw.SGB X, § 19 Abs. 2 Satz 1 eine Verhaltenspflicht für die Behörden aus, d. h. verpflichtet sie im Regelfall („soll") bzw. ermächtigt sie nach pflichtgemäßem Ermessen[84], auf die Vorlage

[78] *BVerwG*, NJW 1978, 1988.

[79] So *Ule / Laubinger* (o. Anm. 10), S. 145; wohl auch *Stober*, VR 1979, 325, 331.

[80] So mit Recht *Kopp* (o. Anm. 12), § 23 VwVfG, Anm. 1; hingegen wollen *Borgs* in: Meyer / Borgs (o. Anm. 63), § 23 VwVfG, Rn. 2 u. *Leonhardt* in: Stelkens / Bonk / Leonhardt (o. Anm. 63), § 23 VwVfG, Rn. 9 die Vorschrift des § 185 GVG als Soll-Vorschrift entsprechend anwenden.

[81] Statt vieler: *Kopp* (o. Anm. 12), § 28 VwVfG, Anm. 10 m. w. N.

[82] Einzelheiten s. unten S. 109 ff.

[83] Als Oberbegriff für „Anträge, Eingaben, Belege und Urkunden".

[84] So § 87 Abs. 2 Satz 1 AO.

einer Übersetzung hinzuwirken. Dadurch werden die Behörden in die Lage versetzt, bei hinreichenden eigenen Fremdsprachenkenntnissen, von einem Übersetzungsverlangen abzusehen. Hier spielen also, ebenso wie bei der Frage, unter welchen Voraussetzungen die Vorlage einer sog. qualifizierten Übersetzung verlangt werden darf („in begründeten Fällen“[85]), die Grundsätze einfacher und zweckmäßiger Verfahrensweise ebenfalls eine erhebliche Rolle.

Wird die verlangte Übersetzung nicht unverzüglich vorgelegt — der Klarheit halber sollte die Behörde eine angemessene Frist bei ihrem Übersetzungsverlangen setzen[86] —, so kann sich die Behörde nach pflichtgemäßem Ermessen eine Übersetzung selbst beschaffen (§§ 23 Abs. 2 Satz 3 VwVfG, 87 Abs. 2 Satz 3 AO; Entw.SGB X, § 19 Abs. 2 Satz 3)[87]. Die Selbstbeschaffung ist als abschließende Rechtsfolge der Fristversäumung anzusehen, d. h. das Ermessen nicht als Auswahlermessen unter weiteren Rechtsfolgen zu verstehen. Die Behörden sind also in den Antragsverfahren — in den amtswegigen Verfahren spielt dies naturgemäß keine Rolle — nicht befugt, die Sache auf sich beruhen zu lassen, wenn die verlangte Übersetzung nicht unverzüglich oder nicht innerhalb der gesetzten Frist vorgelegt wird[88].

Aufgrund innerstaatlichen Rechts, d. h. des Vorbehalts in § 30 Abs. 2 SGB-AT zugunsten zwischenstaatlichen Rechts, gilt Entw.SGB X, § 19 Abs. 2 nicht im Anwendungsbereich der EG-VO Nr. 1408/71[89]; also in den Zweigen der sozialen Sicherheit, die die in ihrem Art. 4 Abs. 1 aufgezählten Leistungen betreffen und sich auf die in ihrem Art. 2 genannten Personen beziehen. Nach Art. 84 Abs. 4 der VO darf die Behörde, falls ihr ein fremdsprachiger Antrag oder sonstiges Schriftstück vorgelegt wird, nicht die Vorlage einer Übersetzung verlangen, sondern darf nur intern eine Kommission der EG um Übersetzungen ersuchen.

c) Fristbeginn und Fristwahrung bei fremdsprachigen Anträgen etc.

In den Absätzen 3 und 4 regeln die §§ 23 VwVfG, 87 AO, Entw.SGB X, § 19 die wichtigen Fragen des Fristbeginns und der Fristwahrung bei fremdsprachigen Anzeigen, Anträgen oder Willenserklärungen.

---

[85] §§ 23 Abs. 2 Satz 2 VwVfG, 87 Abs. 2 Satz 2 AO, Entw. SGB X, § 19 Abs. 2 Satz 2.

[86] Desgl. *Borgs* in: Meyer / Borgs (o. Anm. 63), § 23 VwVfG, Rn. 5.

[87] Zu den Kostenfolgen s. unten S. 30.

[88] a. A.: *Leonhardt* in: Stelkens / Bonk / Leonhardt (o. Anm. 63), § 23 VwVfG, Rn. 16.

[89] VO des Rates zur Anwendung der Systeme der sozialen Sicherheit auf Arbeitnehmer u. deren Familien, die innerhalb der Gemeinschaft zu- u. abwandern vom 14. 7. 1971.

aa) Die Absätze 3 der genannten Vorschriften betreffen den Fristbeginn bei solchen Fristen, die von der Behörde einzuhalten sind; insbesondere Fristen bei gesetzlichen Anzeigepflichten für gewerbliche Tätigkeiten, wo mit der Anzeige für die Behörde eine Frist zum Tätigwerden in Gang gesetzt wird[90]. Hier kann der Lauf der Frist im Interesse einer geordneten Verwaltung erst mit Vorlage einer Übersetzung beginnen. Die Zeit, die zur Beschaffung der Übersetzung einer fremdsprachigen Anzeige benötigt wird, darf nicht zu Lasten der Behörde die Frist verkürzen, die ihr das Gesetz zum Tätigwerden einräumt[91]. Als Schutzvorschriften zugunsten der Behörde können die §§ 23 Abs. 3 VwVfG, 87 Abs. 3 AO, Entw.SGB X, § 19 Abs. 3 naturgemäß keine Anwendung finden, wenn die Behörde über die erforderlichen Fremdsprachenkenntnisse verfügt, also des Schutzes nicht bedarf. In diesen Fällen beginnt die Frist daher bereits mit Eingang der fremdsprachigen Anzeige[92].

bb) Davon zu unterscheiden ist die Situation bei solchen Fristen, die vom Betroffenen zu wahren sind, wie fristgebundene Anträge, die Einwendungsfrist im Planfeststellungsverfahren und die Widerspruchsfrist gegen einen Verwaltungsakt oder dessen Ablehnung. Bei derartigen Fristen ist es unter dem Gesichtspunkt einer geordneten Verwaltung unbedenklich, zur Fristwahrung den Eingang eines fremdsprachigen Schriftstückes bei der Behörde ausreichen zu lassen[93]. Das gilt ohne Einschränkung bei hinreichenden eigenen Fremdsprachenkenntnissen der Behörde. Verfügt sie nicht über diese Kenntnisse — und nur unter dieser Voraussetzung darf sie ja die Vorlage einer Übersetzung verlangen[94] — hat sie eine angemessene Frist zur Vorlage einer Übersetzung zu setzen, mit deren rechtzeitiger Vorlage zugunsten des Betroffenen die Fristwahrung durch Eingang des ursprünglich fremdsprachigen Schriftstückes angenommen wird (§§ 23 Abs. 4 Satz 1 VwVfG, 87 Abs. 4 Satz 1 AO, Entw.SGB X, § 19 Abs. 4 Satz 1). Überzieht der Betroffene die von der Behörde gesetzte angemessene Frist, so tritt die Rückwirkung nicht ein, sondern zur Beurteilung der Fristwahrung ist, vorbehaltlich abweichender zwischenstaatlicher Vereinbarungen, der Zeitpunkt des Eingangs der Übersetzung maßgebend[95]. Darauf hat die Behörde den Betroffenen

---

[90] z. B. §§ 15 Abs. 1, 55 c Abs. 1 i. V. m. 15 Abs. 1, 56 a Abs. 3 GewO; Einzelheiten bei *Borgs* in: Meyer / Borgs (o. Anm. 63), § 23 VwVfG, Rn. 8; *Leonhardt* in: Stelkens / Bonk / Leonhardt (o. Anm. 63), § 63 VwVfG, Rn. 18; *Clausen* in: Knack (o. Anm. 63), § 23 VwVfG, Rn. 5.

[91] So schon *von Ebner*, DVBl. 1971, 341, 345; ihm folgend: *Schuwerack*, SGb 1974, 447, 450.

[92] Wie hier *Borgs* in: Meyer / Borgs (o. Anm. 63), § 23 VwVfG, Rn. 8; a. A.: *Ule / Laubinger* (o. Anm. 10), S. 146 f.

[93] Diesen Unterschied stellt schon *von Ebner*, DVBl. 1971, 341, 345 treffend heraus.

[94] s. oben S. 28.

[95] §§ 23 Abs. 4 Satz 2 VwVfG, 87 Abs. 4 Satz 2 AO; in Entw. SGB X, § 19

schon bei der Fristsetzung hinzuweisen[96], andernfalls kann sie sich im Falle der Fristversäumung nicht darauf berufen[97]. Lehnt die Behörde eine Sachentscheidung wegen Überschreitung der von ihr gesetzten Frist ab, war diese Frist aber im konkreten Fall unangemessen, d. h. zu kurz, so ist die Angemessenheit der Frist im Rahmen der Überprüfung der die Sachentscheidung ablehnenden Entscheidung verwaltungsgerichtlich korrigierbar[98].

d) Kostenfolgen der Deutschunkenntnis

Ebenso wie in den gerichtlichen Verfahren kann sich auch im Verwaltungsverfahren die Unkenntnis der deutschen Amtssprache beträchtlich auf den Umfang der Verfahrenskosten für ausländische Verfahrensbeteiligte auswirken.

aa) Die Kosten für die Übersetzung fremdsprachiger Schriftstücke gehen zu Lasten des deutschunkundigen Verfahrensbeteiligten. Beschafft sich die Behörde die Übersetzung selbst, weil der Beteiligte dem behördlichen Verlangen nach Vorlage einer Übersetzung nicht nachkommt und die Übersetzung nicht unverzüglich vorlegt, so gibt ihr das Gesetz einen Kostenerstattungsanspruch (§§ 23 Abs. 2 Satz 3 VwVfG, 87 Abs. 2 Satz 3 AO[99]). Verlangt die Behörde die Vorlage einer einfachen oder qualifizierten Übersetzung eines fremdsprachigen Schriftstückes und beschafft sie der Beteiligte, so gehen die Kosten dafür gleichfalls zu seinen Lasten. Dies ist zwar gesetzlich nicht ausdrücklich geregelt, folgt aber daraus, daß die Behörde bei Selbstbeschaffung von Übersetzungen einen Kostenerstattungsanspruch erhält. Wenn in diesem Falle der Beteiligte die Übersetzungskosten zu tragen hat, so kann dies nicht anders sein, wenn er die Übersetzungen selbst auf Verlangen der Behörde anfertigen läßt[100].

Abs. 4 Satz 2 hingegen soll ein Vorbehalt zugunsten abweichender zwischenstaatlicher Vereinbarungen wegen § 30 Abs. 2 SGB-AT entbehrlich sein, so die Begründung (o. Anm. 8), S. 32.

[96] §§ 23 Abs. 4 Satz 3 VwVfG, 87 Abs. 4 Satz 3 AO, Entw. SGB X, § 19 Abs. 4 Satz 3.

[97] So: *Borgs* in: Meyer / Borgs (o. Anm. 63), § 23 VwVfG, Rn. 9; wohl auch *Kopp* (o. Anm. 12), § 23 VwVfG, Anm. 4.

[98] *Ule / Laubinger* (o. Anm. 10), S. 146.

[99] Hingegen sieht Entw. SGB X, § 19 Abs. 2 Satz 3 vor, daß die Behörde nur „Aufwendungen in angemessenem Umfang" verlangen „kann"; also Handlungsermessen hinsichtlich der Selbstbeschaffung und des begrenzten Aufwendungsersatzes!

[100] Nach Entw. SGB X, § 19 Abs. 2 dürfte daher in den Fällen, in denen die Behörde die Vorlage einer einfachen oder qualifizierten Übersetzung verlangt, u. U. der Beteiligte gegen die Behörde einen teilweisen Kostenerstattungsanspruch haben, wenn die Aufwendungen für die Übersetzung einen angemessenen Umfang überschreiten.

bb) Der in der mündlichen Verhandlung im förmlichen Verwaltungsverfahren zugezogene Dolmetscher ist in entsprechender Anwendung von §§ 17, 3 ZSEG zu entschädigen. Da die Pflicht zur Zuziehung eines Dolmetschers gesetzlich nicht geregelt ist und diese Regelungslücke durch analoge Anwendung von § 185 GVG zu schließen ist[101], muß insoweit auch das ZSEG entsprechend herangezogen werden[102]. Dies folgt also nicht aus §§ 23 Abs. 2 Satz 4 VwVfG, 87 Abs. 2 Satz 4 AO, Entw.SGB X, § 19 Abs. 2 Satz 4, die aufgrund ihrer systematischen Stellung nur die Entschädigung von Dolmetschern betreffen, die die Behörde zur Übersetzung fremdsprachiger Schriftstücke herangezogen hat[103]. Diese Kosten sind als Auslagen nach § 10 Abs. 1 Nr. 5 VwKostG[104] von dem deutschunkundigen Ausländer als dem regelmäßigen Kostenschuldner (§ 13 Abs. 1 Nr. 1 VwKostG) zu erheben.

cc) Für die im Widerspruchsverfahren nach §§ 68 ff. VwGO entstandenen Übersetzungs- und Dolmetscherkosten gilt im wesentlichen: Bei erfolgreichem Widerspruch eines deutschunkundigen Ausländers hat der Rechtsträger, dessen Behörde den angefochtenen Verwaltungsakt erlassen beziehungsweise den beantragten Verwaltungsakt abgelehnt hat[105], dem Ausländer die Kosten für die Übersetzung einer fremdsprachigen Widerspruchsschrift und anderer fremdsprachiger Schriftstücke nach § 80 Abs. 1 Satz 1 VwVfG zu erstatten[106], weil diese Aufwendungen regelmäßig zur zweckentsprechenden Rechtsverfolgung oder Rechtsverteidigung notwendig sind. Anwaltskosten sind erstattungspflichtig, wenn die Zuziehung eines Anwalts im Widerspruchsverfahren notwendig war (§ 80 Abs. 2 VwVfG). Die Frage der Notwendigkeit hat sich auch im Anwendungsbereich des § 80 VwVfG an den Rechtsgrundsätzen zu orientieren, die zu der entsprechenden Regelung im verwaltungsgerichtlichen Verfahren (§ 162 Abs. 2 Satz 2 VwGO) entwickelt worden sind[107]. Die Notwendigkeit der Zuziehung eines Anwalts im Widerspruchsver-

---

[101] s. oben S. 27.

[102] So schon für die Rechtslage vor Erlaß des VwVfG: *von Ebner*, DVBl. 1971, 341, 344; *Schuwerack*, SGb 1974, 447, 451.

[103] Unklar insofern: *Ule / Laubinger* (o. Anm. 10), S. 146; *Leonhardt* in: Stelkens / Bonk / Leonhardt (o. Anm. 63), § 23 VwVfG, Rn. 17.

[104] Das VwKostG gilt gem. § 1 Abs. 3 Nr. 4 nicht für die Sozialbehörden, deren Verwaltungsverfahren im SGB X geregelt werden soll; zu weiteren Ausnahmen vom Geltungsbereich des VwKostG s. § 1 Abs. 3 VwKostG.

[105] Zu eng der Wortlaut von § 80 Abs. 1 Satz 1 VwVfG.

[106] Hat sich die Behörde die Übersetzung selbst beschafft, so entfällt ihr Kostenerstattungsanspruch nach § 23 Abs. 2 Satz 3 VwVfG.

[107] *BVerwGE* 55, 299, 306; *Kopp* (o. Anm. 12), § 80 VwVfG, Anm. 7; *Meyer* in: Meyer / Borgs (o. Anm. 63), § 80 VwVfG, Rn. 23; *Stelkens* in: Stelkens / Bonk / Leonhardt (o. Anm. 63), § 80 VwVfG, Rn. 19; *Busch* in: Knack (o. Anm. 63), § 80 VwVfG, Rn. 7.3.2; *Ule / Laubinger* (o. Anm. 10), S. 228; *Altenmüller*, DÖV 1978, 906, 911.

fahren ist danach vom Standpunkt einer verständigen Partei und nicht aus der Sicht einer rechtskundigen Partei zu beurteilen[108]. Einem deutschunkundigen Ausländer kann — von Bagatellsachen abgesehen — nicht zugemutet werden, ohne rechtskundige Hilfe das in deutscher Amtssprache geführte Widerspruchsverfahren allein zu betreiben[109].

Bei erfolglosem Widerspruch hat derjenige, der den Widerspruch eingelegt hat, die zur zweckentsprechenden Rechtsverfolgung oder Rechtsverteidigung notwendigen Aufwendungen der Behörde zu erstatten (§ 80 Abs. 1 Satz 3 VwVfG)[110]. Unter Aufwendungen im Sinne dieser Vorschrift sind nicht die Kosten des allgemeinen Verwaltungsaufwandes zu verstehen, sondern nur die Kosten für besondere, durch das Widerspruchsverfahren veranlaßte behördliche Maßnahmen[111], etwa die Dolmetscherkosten im Falle mündlicher Verhandlung, die der Ausländer somit zu erstatten hat.

War der deutschunkundige Ausländer erst nach erfolglosem Widerspruch im anschließenden Verwaltungsstreitverfahren erfolgreich, dann sind die im Widerspruchsverfahren entstandenen Übersetzungs- und Dolmetscherkosten in gleichem Umfang zu erstatten, wie bei erfolgreichem Widerspruch (§§ 162 Abs. 1, 2, 154 Abs. 1 VwGO).

e) Rechtspolitische Würdigung

Aus dem Gesagten ergibt sich, daß schon der Ausgangspunkt der Kritik von *Götz* und *Häberle* nicht zutrifft, § 23 VwVfG sei „grundsätzlich an der behördlichen Durchsetzung der deutschen Amtssprache orientiert"[112]. Diese Vorschriften verbieten deutschen Behörden nicht generell den Gebrauch einer fremden Sprache im Umgang mit deutschunkundigen Ausländern, weil sie einen ausschließlichen Gebrauch der deutschen Amtssprache gar nicht vorsehen: Dem geltenden Recht entspricht nur ein grundsätzlicher — im Sinne von regelmäßiger und Ausnahmen zulassender — Gebrauch der deutschen Amtssprache, der auch der überwiegenden Verwaltungspraxis entsprechen wird. Nur geht es den genannten Vorschriften dabei nicht um die *Durchsetzung* der deutschen Sprache, sondern sie sehen den Gebrauch der deutschen oder einer fremden Sprache weitgehend als Frage zweckmäßiger Verfahrensgestaltung im Einzelfall an. Im mündlichen Umgang mit Ausländern und bei der Abfassung informierender Broschüren und Merkblätter ist der Gebrauch fremder Sprachen ohnehin zulässig. Der Grundsatz einfacher und

---

108 *BVerwGE* 55, 299, 306; *Kopp* (o. Anm. 23), § 162 VwGO, Rn. 18; *Eyermann / Fröhler* (o. Anm. 23), § 162 VwGO, Rn. 12 jew. m. w. N.

109 *VG Karlsruhe*, Anw.Bl. 1978, 463 f.

110 Zu Ausnahmen s. § 80 Abs. 1 Satz 3 Halbs. 2 u. Satz 4 VwVfG.

111 *Weides*, Verwaltungsverfahren und Widerspruchsverfahren, 1977, S. 212

112 s. oben Anm. 14, 15.

zweckmäßiger Verfahrensdurchführung, Ausfluß und Konkretisierung des verfassungsrangigen Prinzips der Verhältnismäßigkeit allen staatlichen Handelns[113], regelt nach der hier vertretenen Ansicht den Gebrauch fremder Sprachen in sämtlichen schriftlichen Erklärungen der Behörden ebenso, wie die Zulässigkeit eines einfachen oder qualifizierten Übersetzungsverlangens bei Vorlage eines fremdsprachigen Schriftstückes. Somit kann keine Rede davon sein, daß die Vorschriften über die Amtssprache den Behörden Regelungen an die Hand geben, die sie in die Lage versetzen, den Gebrauch der deutschen Amtssprache „durchzusetzen". Insbesondere bei den praktisch wichtigen Regelungen über die Beachtlichkeit fremdsprachiger Anträge etc. und ihrer Eignung zur Fristwahrung, handelt es sich durchweg um Vorschriften, die den deutschunkundigen Ausländern entgegenkommen und die naturgegebene Sprachunterschiede auszugleichen suchen. Weit mehr als die Vorschriften der §§ 23 VwVfG, 87 AO, Entw.SGB X, § 19 sind die Vorschriften über die Gerichtssprache „an der gerichtlichen Durchsetzung der deutschen Gerichtssprache orientiert", wenn sie diese wichtigen Fragen nicht regeln und es der herrschenden Meinung ermöglichen, von der generellen Unbeachtlichkeit fremdsprachiger Rechtsschutzgesuche auszugehen.

Die Kritik verkennt, daß hinter den Vorschriften über die Amtssprache im Verwaltungsverfahren nicht der Gedanke des Nationalstaates steht, wo sich die Volks- und Sprachengrenze mit der Staatsgebietsgrenze deckt und wo für die Staatsbehörden selbstverständlich die „Volks-" zugleich „Amtssprache" ist. Hinter diesen Vorschriften stecken auch weder nationaler Protektionismus oder Isolationismus noch gar eine Prestigefrage — „Deutsch um des Deutschen willen" —, sondern reine Praktikabilitätsgesichtspunkte. Daß die Amtswalter deutscher Behörden deutsch sprechen und schreiben, in der Regel aber keine Fremdsprache in einem für amtliche Zwecke erforderlichen Umfange beherrschen, liegt in den vom Gesetzgeber vorgefundenen Sprachunterschieden der Völker begründet. Der Gesetzgeber des Verwaltungsverfahrensrechts, von Verfassungs wegen den Grundsätzen der Leistungsfähigkeit und Wirksamkeit der Exekutive verpflichtet[114], konnte schon deshalb bei Schaffung der Vorschriften über die Amtssprache nicht allein oder primär die Interessen deutschunkundiger Ausländer im Auge haben. Ein Anspruch Deutschunkundiger darauf, daß sich deutsche Behörden im Umgang mit ihnen ausschließlich ihrer Muttersprache oder einer ihnen verständlichen Fremdsprache zu bedienen bzw. schriftlichen Erklärungen stets eine Übersetzung beizufügen haben, würde erhebliche Schwierigkeiten, zusätzliche Kosten und Zeitverlust für die Behörden

[113] *Lässig* in: Finkelnburg / Lässig (o. Anm. 7), § 10 VwVfG, Rn. 29.

[114] Dazu eingehend *Kopp* (o. Anm. 75), S. 200 ff.

bedeuten. Die zweckmäßige, effektive, rasche und sparsame Erledigung der Verwaltungsaufgaben wäre in Frage gestellt, wenn nicht gar unmöglich gemacht. Der Gesetzgeber war also von vornherein auf eine Kompromißregelung angewiesen, die den Interessen der Ausländer (etwa die Beachtlichkeit und Fristwahrung fremdsprachiger Anträge) dort und in dem Maße Rechnung trägt, wo und soweit die Effektivität des Verwaltungshandelns nicht beeinträchtigt wird. Im Verwaltungsverfahren steht die zweckmäßige und effektivste Erfüllung der Verwaltungsaufgaben im Vordergrund[115], und im Gegensatz zum gerichtlichen Verfahren dient es nicht ausschließlich oder primär der Wahrung oder Durchsetzung subjektiver Rechte des Einzelnen gegenüber der Verwaltung, sondern der im Allgemeininteresse begründeten reibungslosen Erfüllung der der Exekutive obliegenden Aufgaben. Das hatte der Gesetzgeber auch bei Schaffung der Vorschriften über die Amtssprache zu beachten.

Freilich kann diese am verwaltungsverfahrensrechtlichen Effektivitätspostulat orientierte rechtspolitische Bewertung der Vorschriften über die Amtssprache nicht von der Notwendigkeit befreien, sie auf ihre Vereinbarkeit mit völkerrechtlichen Verträgen (III 1) zu untersuchen und sie an höherrangigem Recht zu messen, also zu fragen, ob sie mit völkerrechtlichem Fremdenrecht (III 2), mit der durch die Verträge der Europäischen Gemeinschaften begründeten besonderen Rechtsstellung der EG-Bürger (III 3), mit allgemeinen völkerrechtlichen Liberalisierungstendenzen im Fremdenrecht (III 4) und mit deutschem Verfassungsrecht (IV) vereinbar sind. Diese Notwendigkeit besteht bei den Vorschriften über die Amtssprache ebenso wie bei den Vorschriften über die Gerichtssprache.

---

[115] Vgl. im einzelnen *Lässig* in: Finkelnburg / Lässig (o. Anm. 7), § 10 VwVfG, Rn. 2, 3 m. w. N.

III. Die Vorschriften über die Gerichts- und Amtssprache im Lichte des Völkerrechts

1. Völkervertragsrecht

a) Völkervertragsrecht über die Gerichts- und Amtssprache

aa) Spezielles Völkervertragsrecht über die Gerichtssprache deutscher Gerichte und die Amtssprache deutscher Verwaltungsbehörden in Verfahren, an denen Ausländer beteiligt sind, enthalten die bilateralen Abkommen über die soziale Sicherheit von Gastarbeitnehmern, die die Bundesrepublik Deutschland mit den häufigsten Herkunftsländern von Gastarbeitnehmern abgeschlossen hat: mit dem Königreich Griechenland[116], der Republik Türkei[117], der Sozialistischen Föderativen Republik Jugoslawien[118] und dem Spanischen Staat[119]. Gegenstand dieser Abkommen sind die Anwendung der Rechtsvorschriften der Bundesrepublik Deutschland über die gesetzliche Kranken-, Unfall- und Rentenversicherung der ausländischen Arbeiter und Angestellten sowie über das Kindergeld; also Materien, die nach § 51 Abs. 1 SGG in die Zuständigkeit der Sozialgerichtsbarkeit fallen und deren Verfahren sich künftig nach dem SGB X bestimmt. Inhaltlich ist in allen Abkommen übereinstimmend festgelegt, daß die Behörden, Gerichte und Träger der beiden Vertragsparteien bei der Anwendung dieser Abkommen „mit den beteiligten Personen und deren Vertretern unmittelbar in ihrer Amtssprache verkehren können"[120]. Damit bestätigen sie in Übereinstimmung mit dem innerstaatlichen Recht (§ 61 Satz 1 SGG i. V. m. § 184 GVG, Entw.SGB X, § 19 Abs. 1), daß die deutschen Sozialgerichte und Behörden der Sozialverwaltung auch im Verkehr mit griechischen, türkischen, jugoslawischen und spanischen Gastarbeitern ihre deutsche Gerichts- und Amtssprache verwenden können und begründen keine Verpflichtung zum Gebrauch der entsprechenden Fremdsprache. Weiterhin wird festgelegt, daß die genannten Organe einer Vertragspartei Eingaben oder sonstige Schriftstücke, die an sie gerichtet werden, nicht deshalb zurückweisen dürfen,

[116] Vom 25. 4. 1961, Gesetz vom 15. 6. 1963, BGBl. II, S. 678.

[117] Vom 30 .4. 1964, Gesetz vom 13. 9. 1965, BGBl. II, S. 1169.

[118] Vom 12. 10. 1968, Gesetz vom 29. 7. 1969, BGBl. II, S. 1437.

[119] Vom 4. 12. 1973, Gesetz vom 29. 7. 1977, BGBl. II, S. 685.

[120] Art. 47 Abs. 1 des Abk. mit Griechenland (o. Anm. 116); Art. 45 Abs. 1 des Abk. mit der Türkei (o. Anm. 117); Art. 32 Satz 1 des Abk. mit Jugoslawien (o. Anm. 118); Art. 47 Abs. 1 des Abk. mit Spanien (o. Anm. 119).

weil sie in der Amtssprache einer anderen Vertragspartei abgefaßt sind[121]. Teilweise wird noch ausdrücklich erwähnt, daß „Rechtsvorschriften über die Zuziehung von Dolmetschern unberührt bleiben"[122]. Diesen Verträgen widerspricht also eine Auslegung der innerstaatlichen Vorschriften über die Gerichtssprache im sozialgerichtlichen Verfahren (§ 61 Satz 1 SGG i. V. m. § 184 GVG), die die Unbeachtlichkeit der Vorlage griechischer, türkischer und spanischer Schriftstücke im Anwendungsbereich dieser Abkommen annimmt; nicht jedoch das innerstaatliche Recht über die Amtssprache im sozialbehördlichen Verfahren (Entw.SGB X, § 19)[123], das ja die Vorlage fremdsprachiger Schriftstücke nicht als unbeachtlich ansieht (Entw.SGB X, § 19 Abs. 2 Satz 1) und zudem unter dem Vorbehalt zugunsten abweichender Regelungen des zwischenstaatlichen Rechts steht (§ 30 Abs. 2 SGB-AT). Deshalb fehlt auch in Entw. SGB X, § 19 Abs. 4 Satz 2 ein Vorbehalt, wie er in §§ 23 Abs. 4 Satz 2 VwVfG, 87 Abs. 4 Satz 2 AO enthalten ist[123a].

bb) Vertragsrecht über die Gerichtssprache, speziell über die Folgen der Vorlage fremdsprachiger Schriftstücke, findet sich im EG-Übereinkommen vom 27. 9. 1968 über die gerichtliche Zuständigkeit und die Vollstreckung gerichtlicher Entscheidungen in Zivil- und Handelssachen[124], nach dessen Art. 48 Abs. 2 von der Prozeßpartei, die die Anerkennung einer ausländischen gerichtlichen Entscheidung, eines Prozeßvergleichs oder einer vollstreckbaren Urkunde geltend macht oder daraus die Zwangsvollstreckung betreibt, auf Verlangen des Gerichts die Vorlage einer beglaubigten Übersetzung des ausländischen fremdsprachigen Titels sowie des Vollstreckbarkeits- und Zustellungsnachweises vorzulegen sind. Dieser Bestimmung hat das innerstaatliche Recht in § 3 Abs. 2 des Ausführungsgesetzes hinreichend Rechnung getragen[125]. Gleiches gilt für

---

[121] Art. 47 Abs. 2 des Abk. mit Griechenland (o. Anm. 116); Art. 45 Abs. 2 des Abk. mit der Türkei (o. Anm. 117); Art. 47 Abs. 2 des Abk. mit Spanien (o. Anm. 119); in Art. 32 des Abk. mit Jugoslawien (o. Anm. 118) hingegen fehlt diese Regelung.

[122] Art. 45 Abs. 1 Satz 2 des Abk. mit der Türkei (o. Anm. 117); Art. 32 Satz 2 des Abk. mit Jugoslawien (o. Anm. 118).

[123] Die Verträge sind aber keine „zwischenstaatlichen Vereinbarungen" i. S. v. § 23 Abs. 4 Satz 2 VwVfG, wie *Leonhardt* in: Stelkens / Bonk / Leonhardt (o. Anm. 63), § 23 VwVfG, Rn. 22 u. *Borgs* in: Meyer / Borgs (o. Anm. 63), § 23 VwVfG, Rn. 9 meinen, denn ihr sozialrechtlicher Gegenstand ist nach § 2 Abs. 2 Nr. 4 VwVfG aus dem Anwendungsbereich des VwVfG gerade herausgenommen! Bedeutung können sie also nur für Entw. SGB X, § 19 haben.

Zur vergleichbaren Regelung in Art. 84 Abs. 4 der EG-VO Nr. 1408/71 s. unten S. 79 ff.

[123a] s. Begründung der Bundesregierung (o. Anm. 8), S. 32.

[124] BGBl. 1972, II, S. 773; als Abkommen nach Art. 220 EWGV ist es völkerrechtlicher Vertrag, wird durch Ratifikation zu innerstaatlichem Recht u. ist somit kein (primäres od. sekundäres) EG-Recht.

[125] Dazu schon oben S. 17.

ausländische Schiedssprüche auch außerhalb der EG nach Art. IV Abs. 2 des UN-Übereinkommens vom 10.6.1958 über die Anerkennung und Vollstreckung ausländischer Schiedssprüche[126], wonach die Partei, die die Anerkennung und Vollstreckung eines ausländischen Schiedsspruchs nachsucht, die amtlich beglaubigte Übersetzung beizubringen hat, wenn der Schiedsspruch nicht in einer amtlichen Sprache des Landes abgefaßt ist, in dem er geltend gemacht wird.

Keine Regelung über die Gerichtssprache in gerichtlichen Verfahren an denen Personen beteiligt sind, die die amtliche Gerichtssprache nicht verstehen, stellen die Art. 10 des Haager Übereinkommens über den Zivilprozeß[127], Art. 7 des Haager Übereinkommens über die Zustellung gerichtlicher und außergerichtlicher Schriftstücke im Ausland in Zivil- und Handelssachen vom 15. 11. 1965[128] und Art. 4 des Haager Übereinkommens über die Beweisaufnahme im Ausland in Zivil- oder Handelssachen vom 18. 3. 1970[129] dar. Diese Vertragsbestimmungen regeln nur die Sprache in internationalen Rechtshilfeersuchen in Zivil- oder Handelssachen, in allgemeinen Rechtshilfeersuchen, in Ersuchen um Zustellung von Schriftstücken im Ausland und in Ersuchen um Durchführung von Beweisaufnahmen im Ausland, so daß es sich hierbei nur um Sprachenregelungen handelt, die das interne Rechtshilfeverfahren und nicht das externe gerichtliche Verfahren mit deutschunkundigen Ausländern betreffen.

cc) Das spezielle Völkervertragsrecht über die Gerichts- und Amtssprache in Verfahren mit Ausländerbeteiligung enthält demnach nur punktuelle Regelungen, die nur für bestimmte Personenkreise und nur für bestimmte Verfahren gelten, also keinesfalls den gesamten Bereich abdecken, in dem die Gerichts- oder Amtssprache Bedeutung erlangt.

b) Völkervertragliche Inländerbehandlung in ihrer Bedeutung für die Gerichts- und Amtssprache

aa) In den bilateralen völkerrechtlichen Freundschafts-, Handels- und Niederlassungsverträgen, die die Bundesrepublik Deutschland mit einer ganzen Reihe von Staaten abgeschlossen hat[130], finden sich regelmäßig

---

126 BGBl. 1961, II, S. 122.

127 i. d. F. vom 1. 3. 1954 (BGBl. 1958, II, S. 576), zu bilateralen Zusatzvereinbarungen vgl. die Nachw. bei *Bülow / Böckstiegel*, Internationaler Rechtsverkehr in Zivil- und Handelssachen, 2. Aufl., Stand: Dez. 1978, Nr. 102 - 180; *Baumbach / Lauterbach / Albers / Hartmann* (o. Anm. 23), Einl. IV 3 b.

128 BGBl. 1977, II, S. 1453.

129 BGBl. 1977, II, S. 1472.

130 Niederlassungsvertrag zwischen dem DtReich u. der Schweizerischen Eidgenossenschaft vom 31. 5. 1890 (RGBl., S. 131) u. Vertrag betr. Regelung von Rechtsverhältnissen der beiderseitigen Staatsangehörigen im Gebiete des anderen vertragschließenden Teiles vom 31. 10. 1910 (RGBl. 1911, S. 892);

Bestimmungen, die die Vertragsstaaten u. a. verpflichten, den Staatsangehörigen und Gesellschaften des anderen Vertragsstaates Inländerbehandlung „hinsichtlich des Zutritts zu den Gerichten und Amtsstellen beziehungsweise Behörden aller Instanzen für die Verfolgung und Verteidigung ihrer Rechte“[131] sowie Inländerbehandlung hinsichtlich des Schutzes ihrer Person und ihres Eigentums zu gewähren[132]. In multilateralen Verträgen findet sich eine entsprechende Bestimmung in Art. 7 des Europäischen Niederlassungsabkommens[133]. Danach genießen „die Staatsangehörigen eines Vertragsstaates unter den gleichen Voraussetzungen wie deren eigene Staatsangehörige uneingeschränkten gesetzlichen oder gerichtlichen Schutz ihrer Person, ihres Vermögens, ihrer Rechte und Interessen. Sie haben daher in gleicher Weise wie die eigenen Staatsangehörigen das Recht auf Inanspruchnahme der zuständigen Gerichts- und Verwaltungsbehörden und auf Beistandsleistung durch jede Person ihrer Wahl, die nach den Gesetzen des Landes hierzu befugt ist“.

Handels- u. Schiffahrtsvertrag zwischen dem DtReiche u. Schweden vom 8. 5. 1906 (RGBl. S. 739); Niederlassungsvertrag zwischen dem DtReiche u. den Niederlanden vom 17. 12. 1904 (RGBl. 1906, S. 879); Niederlassungsabkommen zwischen dem DtReiche u. der Türkischen Republik vom 12. 1. 1927, G vom 15. 3. 1927 (RGBl. II, S. 53) u. Bekanntmachung des BM Ausw. vom 29. 5. 1952 (BGBl. II, S. 608); Niederlassungsabkommen zwischen dem DtReich u. dem Kaiserreich Persien vom 17. 2. 1929, G vom 26. 7. 1930 (RGBl. II, S. 1002) u. Bekanntmachung des BM Ausw. vom 15. 8. 1955 (BGBl. II, S. 829); Handels- und Schiffahrtsvertrag zwischen dem DtReich u. Japan vom 20. 7. 1927, G vom 5. 11. 1927 (RGBl. II, S. 1087); Freundschafts-, Handels- u. Schiffahrtsvertrag zwischen der BRep. Deutschland u. den USA vom 29. 10. 1954, G vom 7. 5. 1956 (BGBl. II, S. 487); Niederlassungs- u. Schiffahrtsvertrag zwischen der BRep. Deutschland u. der Französischen Republik vom 27. 10. 1956, G vom 29. 10. 1957 (BGBl. II, S. 1661); Freundschafts-, Handels- u. Schiffahrtsvertrag zwischen der BRep. Deutschland u. der Italienischen Republik vom 21. 11. 1957, G vom 19. 8. 1959 (BGBl. II, S. 949); Freundschafts-, Handels- u. Schiffahrtsvertrag zwischen der BRep. Deutschland u. der Dominikanischen Republik vom 23. 12. 1957, G vom 16. 12. 1959 (BGBl. II, S. 1468); Niederlassungs- u. Schiffahrtsvertrag zwischen der BRep. Deutschland u. dem Königreich Griechenland vom 18. 3. 1960, G vom 22. 10. 1962 (BGBl. II, S. 1505); Niederlassungsvertrag zwischen der BRep. Deutschland u. dem Spanischen Staat vom 23. 4. 1970, G vom 7. 9. 1972 (BGBl. II, S. 1041).

[131] Art. 1 Abs. 8 Halbs. 2 des dt.-jap. Vertrages; Art. VI Abs. 1 des Vertrages mit den USA; Art. 7 des dt.-ital. Vertrages; Art. 7 Abs. 1 des dt.-dominikan. Vertrages; Art. 6 Abs. 1 des dt.-griech. Vertrages; Art. 7 Abs. 1 des dt.-span. Vertrages; Art. 8 Abs. 1 und 2 des dt.-pers. Vertrages; nur hinsichtlich des Zutritts zu Gerichten: Art. 3 Abs. 2 des dt.-schwed. Vertrages; Art. 1 Abs. 1 des dt.-schweiz. Vertrages von 1910; Art. 13 Abs. 2 des dt.-türk. Vertrages; Art. VIII Abs. 1 des dt.-franz. Vertrages.

Art. 8 Abs. 2 des dt.-pers. Abkommens (Zutritt nur zu Gerichten) ist nicht abschließend, s. Art. 8 Abs. 1.

[132] Art. 1 Abs. 1 des dt.-schweiz. Vertrages von 1890; Art. 1 Abs. 3 des dt.-schwed. Vertrages; Art. 8 Abs. 1 des dt.-pers. Vertrages; Art. 1 Abs. 8 Halbs. 1 des dt.-jap. Vertrages; Art. III Abs. 1 des Vertrages mit den USA; Art. IV Abs. 1 des dt.-franz. Vertrages; Art. 4 Abs. 1 u. Art. 6 Abs. 1 des dt.-ital. Vertrages; Art. 4 Abs. 1 u. Art. 6 Abs. 1 des dt.-dominikan. Vertrages; Art. 3 Abs. 1 u. 5 Abs. 1 des dt.-griech. Vertrages; Art. 4 u. 14 des dt.-span. Vertrages.

[133] Vom 13. 12. 1955, G vom 30. 9. 1959 (BGBl. II, S. 997).

Derartige Inländerbehandlungsklauseln, die im Verein mit den Meistbegünstigungsklauseln das typische völkervertragliche Regelungsinstrumentarium zur Liberalisierung des Fremdenrechts darstellen[134], lassen die Frage entstehen, welche Bedeutung sie im Gerichts- und Verwaltungsverfahren für die Behandlung von Personen haben, die der amtlichen Gerichts- oder Amtssprache nicht kundig sind.

bb) Die genannten Rechtsschutzklauseln gewähren Inländerbehandlung beim Zutritt zu allen Gerichten (teilweise werden Verwaltungsgerichte gesondert aufgeführt) sowie zu allen Amtsstellen bzw. Behörden. Wo der Begriff der „Amtsstelle" verwendet ist, bedeutet er „Verwaltungsbehörde" im Sinne unseres allgemeinen Verwaltungsrechts; also jede Stelle, die Aufgaben öffentlicher Verwaltung wahrnimmt[135]. Dies folgt zum einen daraus, daß „Gerichte", d. h. Organe rechtsprechender Gewalt, und „Amtsstellen", d. h. Exekutivorgane, nebeneinander und gesondert aufgeführt sind; „Amtsstellen" somit etwas von Gerichten verschiedenes bezeichnen soll. Zum anderen verwenden einige Verträge in den Rechtsschutzklauseln ausdrücklich den Begriff der „Behörde"[136]. Es ist aber nicht anzunehmen, daß durch Verwendung der beiden Begriffe „Amtsstelle" und „Behörde" etwas Verschiedenes gemeint sein soll. Zu beachten ist jedoch, daß nicht alle Verträge Inländerbehandlung auch durch Verwaltungsbehörden gewähren[137]. Die Übereinstimmung dieser Rechtsschutzklauseln in sämtlichen Verträgen geht also nur hinsichtlich des gerichtlichen Rechtsschutzes so weit, daß man von inhaltlicher Identität sprechen und ihren Anwendungsbereich einheitlich bestimmen kann.

Inländerbehandlung gewähren diese Rechtsschutzklauseln ausdrücklich nur hinsichtlich des „Zutritts zu allen Gerichten und Verwaltungsbehörden" (access to courts of justice, administrative tribunals and agenciens; accès devant les tribunaux à tous les degrés de jurisdiction; l'accesso a tutti organi giurisdizionali, ordinari e amministratori). Damit ergibt sich die Frage nach dem genauen Umfang der Inländerbehandlung im Gerichts- und Verwaltungsverfahren. Eine präzise Bestimmung von Inhalt und Umfang der vertraglichen Inländerbehandlungspflicht ist unerläßliche Voraussetzung für die Feststellung, ob und inwieweit

---

[134] Dazu insbes. *Isay*, Meistbegünstigungs- u. Gleichbehandlungsklauseln im internationalen Recht, ZVR, Bd. 12 (1923), S. 276 ff.; *Schindler*, Gleichberechtigung von Individuen als Problem des Völkerrechts, 1957, S. 67 ff.; *Roesner*, Die Meistbegünstigungsklausel in den bilateralen Handelsverträgen der Bundesrepublik Deutschland, Diss. Heidelberg, 1964, S. 42 ff.; *Erdmann*, Europäisches Fremdenrecht, 1969, S. 57 ff.

[135] Vgl. § 1 Abs. 4 VwVfG; Entw. SGB X, § 1 Abs. 2.

[136] Art. 8 Abs. 1 des dt.-pers. Vertrages; Art. 1 Abs. 8 Halbs. 2 des dt.-jap. Vertrages; Art. 7 Abs. 1 des dt.-span. Vertrages.

[137] Zu Ausnahmen s. oben Anm. 131 a. E.

die innerstaatlichen Vorschriften über die Gerichts- und Amtssprache völkervertragskonform sind oder nicht[138]. Interpretiert man den Begriff „Zutritt zu Gerichten und Verwaltungsbehörden" restriktiv, dann sind damit nur die die Zulässigkeit eines Rechtsschutzgesuches oder eines Antrages im Verwaltungsverfahren betreffenden Regelungen im engeren Sinne gemeint. So verstand das *Reichsgericht* den Begriff des „freien Zutritts zu den Gerichten", der nach Art. 277 des Versailler Vertrages den Staatsangehörigen der Alliierten und Assoziierten Mächte auf deutschem Gebiete eingeräumt war, ganz in diesem Sinne, wenn es ausführte, daß die Verpflichtung zur Sicherheitsleistung im Zivilprozeß mit der Frage des freien Zutritts zu den Gerichten keine unmittelbare Berührung habe. „Unter freiem Zutritt kann bei billiger Auslegung dieses Ausdrucks nichts weiter verstanden werden, als daß die fremden Angehörigen jederzeit zur Anrufung des Schutzes der deutschen Gerichte berechtigt sein sollen[139]." Derart restriktiv interpretiert, bestünde also keine Verpflichtung zur Inländerbehandlung hinsichtlich der Art und Weise der Durchführung des Gerichts- oder Verwaltungsverfahrens. Mit anderen Worten: Der Angehörige eines Vertragsstaates muß dann zwar nach den auch für Inländer geltenden Vorschriften Klage erheben dürfen (z. B. nach den gleichen Vorschriften wie Inländer einen belastenden Verwaltungsakt anfechten dürfen); bei der Durchführung des Verfahrens muß ihm jedoch keine Inländerbehandlung gewährt werden, z. B. brauchten rechtliches Gehör und angemessene Verteidigung in der mündlichen Gerichtsverhandlung dann nicht zugestanden zu werden.

Gegenständlich beschränkte völkervertragliche Inländerbehandlungsklauseln, wie sie die bilateralen Freundschafts-, Schiffahrts- und Niederlassungsverträge und das Europäische Niederlassungsabkommen enthalten, sind zwar grundsätzlich restriktiv zu interpretieren, so daß eine Ausdehnung der Gleichbehandlungspflicht über ihre ausdrücklich vereinbarten Bereiche hinaus nicht in Betracht kommt[140]. Grundsätzlich sind die Bereiche, für die Inländerbehandlung vereinbart wurde, abschließend mit der Folge, daß Inländerbehandlung in den Bereichen, für die sie nicht vereinbart wurde, nicht gewollt ist. Dennoch meine ich, daß in diesen Rechtsschutzklauseln Inländerbehandlung „im gerichtlichen Verfahren und im Verwaltungsverfahren", also im umfassenderen Sinne, zu verstehen ist. Eine Unterscheidung zwischen der Befugnis, ein Gericht

---

[138] Allgem. *Jaenicke*, Der Begriff der Diskriminierung im modernen Völkerrecht, 1940, S. 68.

[139] *RGZ* 104, 189, 190; unklar insoweit *Isay* (o. Anm. 134), S. 285: Der Sache nach eine Gleichstellung mit Inländern, die aus dem Begriff des Rechtsstaats folge, also eine Selbstverständlichkeit sei.

[140] *Jaenicke* (o. Anm. 138), S. 65 f. m. Rspr. Nachw. ausländischer u. internationaler Gerichte; *RGZ* 104, 189, 191 speziell zum Begriff des freien Zutritts zu den Gerichten.

oder eine Verwaltungsbehörde in seiner Sache anrufen zu dürfen, und der Art und Weise der Durchführung des Verfahrens, ist zwar theoretisch möglich. Inländerbehandlung aber nur in erstgenannter Beziehung als vereinbart anzusehen, könnte die vereinbarte Inländerbehandlung weitestgehend leerlaufen lassen. Gestattet das innerstaatliche Recht beispielsweise dem Ausländer, einen ihn belastenden Verwaltungsakt nach den für Inländer geltenden Vorschriften im Klagewege anzufechten, wird ihm aber in der mündlichen Verhandlung etwa der Beistand eines Anwalts, die Zuziehung eines Dolmetschers oder die Gewährung rechtlichen Gehörs versagt, so wird die Inländerbehandlung hinsichtlich des Zutritts zum Gericht zur Farce. Auch völkerrechtliche Verträge sind im Zweifel im Sinne eines widerspruchsfreien und vernünftigen Inhalts auszulegen[141]. Hinzu kommt, daß unklares Völkervertragsrecht durchaus im Sinne des allgemeinen Völkergewohnheitsrechts auszulegen ist[142]. Wie noch im einzelnen zu zeigen sein wird, kennt der völkergewohnheitsrechtliche Mindeststandard eine Rechtsschutzgarantie für Fremde, nach der Inländerbehandlung im gerichtlichen Verfahren nicht nur beim „Zutritt" zum Gericht, sondern auch und gerade bei der Durchführung des Verfahrens selbst zu gewähren ist[143]. Da nicht anzunehmen ist, daß die Rechtsschutzklauseln in den genannten Verträgen bei der Vereinbarung des Umfanges der Inländerbehandlung hinter dem fremdenrechtlichen Mindeststandard zurückbleiben wollten[144] — denn dann hätte es ihrer nicht bedurft — ist auch deshalb eine Auslegung im Sinne einer Inländerbehandlung „im gerichtlichen Verfahren und im Verwaltungsverfahren" geboten, die das Verfahren von seiner Einleitung über seine Durchführung bis zur etwaigen Vollstreckung der Entscheidung umfaßt[145].

Schließlich sind die völkervertraglichen Rechtsschutzklauseln, weil umfassend, zugleich abschließend[146]; die Gleichbehandlungs- und/oder Meistbegünstigungsklauseln über den Schutz der Person und des Eigentums sind daher materiellrechtlich zu verstehen[147].

---

[141] *Berber*, Lehrbuch des Völkerrechts, Bd. I, 2. Aufl. 1975, S. 479.

[142] Vgl. *Berber* (o. Amn. 141), S. 481.

[143] Einzelheiten unten S. 65 ff.

[144] Im Zweifel sollen Verträge ein höheres rechtliches Niveau der Behandlung als der Mindeststandard erreichen: *Ruidisch*, Einreise, Aufenthalt und Ausweisung im Recht der Bundesrepublik Deutschland, Diss. München 1975, S. 14; *Dahm*, Völkerrecht, Bd. I, 1958, S. 506; *Geck*, Der internationale Stand des Schutzes der Freiheitsrechte: Anspruch und Wirklichkeit, ZaöRV 1978, 182, 197.

[145] In diesem Sinne jüngst *BVerwG*, NJW 1979, 2486, 2487, wenn es diese Rechtsschutzklauseln im Sinne einer Gewährung „effektiven Rechtsschutzes" versteht.

[146] Insbes. enthalten sie keine Regelung der materiellrechtlichen Voraussetzungen der Anspruchsentstehung: *BGHZ* 13, 241, 243.

[147] Anders wohl Art. 8 Abs. 1 des dt.-pers. Vertrages, der vom „gerichtlichen und behördlichen Schutz" der Person und ihrer Güter spricht u. noch

cc) Die bilateralen Freundschafts-, Handels- und Niederlassungsverträge gewähren die Inländerbehandlung beim gerichtlichen Rechtsschutz und im Verwaltungsverfahren jedoch teilweise nur aufgrund der Tatsache, daß der Vertragspartner seinerseits in den gleichen Angelegenheiten gleichfalls Inländerbehandlung gewährt (Prinzip der Reziprozität)[148]. Die Gegenseitigkeit ist also Voraussetzung für die Gewährung der Inländerbehandlung gegenüber den Angehörigen des anderen Vertragsstaates[149]. Das bedeutet jedoch nicht, daß der Vertragsstaat die gleiche Gerichtsverfassung zu schaffen und die gleichen prozessualen und verwaltungsverfahrensrechtlichen Rechtsinstitute, die das Gerichtsverfassungs-, Prozeß- und Verwaltungsverfahrensrecht der Bundesrepublik Deutschland kennen, den deutschen Staatsangehörigen zur Verfügung zu stellen hätte und daß etwa den Angehörigen des betreffenden Vertragsstaates in der Bundesrepublik die Inländerbehandlung im Gerichts- und Verwaltungsverfahren verweigert werden darf, wenn dieser Vertragsstaat ein abweichendes oder weniger ausgebildetes Gerichtsverfassungs-, Prozeß- und Verwaltungsverfahrensrecht besitzt. Infolge der Verschiedenheit der einzelnen Rechtsordnungen wäre die Inländerbehandlung dann niemals zu erreichen[150]. Kennt etwa das Recht des Vertragsstaates sog. justizfreie Hoheitsakte mit der Folge, daß ein deutscher Staatsangehöriger im Gebiet des Vertragsstaates dagegen keinen Rechtsschutz erhält, so kann den Angehörigen des Vertragsstaates in der Bundesrepublik nicht der in einer gleichen Angelegenheit nach deutschem Recht eingeräumte Rechtsschutz unter Hinweis auf die fehlende Gegenseitigkeit versagt werden. Steht im Vertragsstaat nach dessen Recht für einen bestimmten Rechtsstreit nur eine Instanz zur Verfügung, so kann ein nach deutschem Prozeßrecht statthaftes Rechtsmittel dem Ausländer nicht unter Hinweis darauf verweigert werden. Daraus folgt, daß völkervertragliche Inländerbehandlung unter der Voraussetzung der Gegenseitigkeit in den Bereichen der gerichtlichen und verwaltungsbehördlichen Verfahren nur formelle Reziprozität, also Gegenseitigkeit bezüglich der Gleichstellung als solcher, bedeuten kann[151].

---

weitergehend Art. 7 Satz 1 des Europ. Niederlassungsabk.: gesetzlicher oder gerichtlicher Schutz der Person, des Vermögens, der Rechte und Interessen!

[148] Art. 3 des dt.-schweiz. Vertrages von 1890; Art. 1 Abs. 1 des dt.-türk. Vertrages; Art. XXV Abs. 2 des Vertrages mit den USA; Art. 36 des dt.-ital. Vertrages; Art. 25 des dt.-griech. Vertrages; Art. 17 des dt.-span. Vertrages.

[149] So *Erdmann* (o. Anm. 134), S. 62; in gleichem Sinne allgemein: *Jaenicke* (o. Anm. 138), S. 123 f. nach dem jedoch die Reziprozität „bei dem Grundsatz der Gleichheit des Rechtsschutzes für Aus- und Inländer grundsätzlich keine Rolle spielen darf" (S. 129); dies ist konsequent, wenn man wie er (S. 72 ff.) die Inländerbehandlung beim Rechtsschutz zum fremdenrechtlichen Mindeststandard zählt, weil dann die vertragliche Reziprozitätsbedingung den gewohnheitsrechtlichen Mindeststandard unterschreitet; krit. insoweit *Zuleeg*, DÖV 1973, 361, 363, der die Gegenseitigkeitsverbürgung als „formalistische Finte" abtut.

[150] So mit Recht *Jaenicke* (o. Anm. 138), S. 128.

dd) Verpflichtet somit völkervertragliche Inländerbehandlung im gerichtlichen und verwaltungsbehördlichen Verfahren die Vertragsstaaten zur Gleichbehandlung von Aus- und Inländern nur nach Maßgabe des innerstaatlichen Gerichtsverfassungs-, Prozeß- und Verwaltungsverfahrensrechts, so gilt das freilich mit der Einschränkung, daß dieses Recht selbst nicht der Inländerbehandlung widersprechen darf, indem es zwischen Aus- und Inländern völkervertragswidrig differenziert. Eine unzulässige Differenzierung zwischen Ausländern und Inländern kann — nicht muß (!) — dann vorliegen, wenn innerstaatliches Recht an die verschiedene Staatsangehörigkeit verschiedene Rechtsfolgen knüpft, also die deutsche Staatsangehörigkeit Tatbestandsmerkmal einer Rechtsnorm ist, die eine Vergünstigung gewährt, bzw. die fremde Staatsangehörigkeit Tatbestandsmerkmal einer Rechtsnorm ist, die zu einer Belastung ermächtigt. Es gibt aber auch unzulässige Differenzierungen zwischen Aus- und Inländern, die als sog. indirekte Diskriminierungen nicht an die fremde Staatsangehörigkeit, sondern an typische und charakteristische Merkmale anknüpfen, in denen sich Aus- und Inländer regelmäßig unterscheiden, wie Herkunft, Sprache oder Rasse.

Nicht hingegen bedeutet völkervertragliche Inländerbehandlung stets und in jedem Falle ein „Verbot fremdenrechtlicher Sonderbestimmungen“, d. h. ein Verbot, die Angehörigen des Vertragsstaates nach anderen Rechtsnormen zu behandeln als die Inländer[152]. Mit einem Verbot von Sonderrecht für die Angehörigen des Vertragsstaates und einem Gebot gleichen Rechts für alle wird die Benachteiligung der regelmäßig deutschunkundigen Angehörigen des Vertragsstaates im Gerichts- und Verwaltungsverfahren ja nicht beseitigt, sondern gerade erst geschaffen. Wegen der tatsächlichen Ungleichheit in der Beherrschung der deutschen Gerichts- und Amtssprache kann eine Gleichbehandlung nur durch Sonderrecht erfolgen, das die Auswirkungen der Sprachunterschiede beseitigt. Eine Pflicht zur Gleichbehandlung kann durch Schaffung gleichen Rechts erfüllt werden; kann aber auch dort, wo gleiches Recht wegen tatsächlicher Ungleichheit zu ungleichen Auswirkungen führt, eine Pflicht zur Schaffung differenzierenden Rechts bedeuten. Dies ist im Rahmen des innerstaatlichen Gleichheitssatzes des Art. 3 Abs. 1 GG nichts Ungewöhnliches und gilt gleichermaßen bei völkerrechtlichen — vertraglichen wie gewohnheitsrechtlichen — Gleichbehandlungspflichten[153]. Es ist ein allgemeiner Satz der Rechtsgleichheit[154].

---

[151] *Schindler* (o. Anm. 134), S. 74; s. auch *Jaenicke* (o. Anm. 138), S. 130: keine mathematisch genaue Reziprozität.

[152] Abw. *Wengler*, Völkerrecht, Bd. II, 1964, S. 1115.

[153] *Jaenicke* (o. Anm. 138), S. 102 ff.

[154] Zur Allgemeinheit des Gleichheitssatzes bes. *Schindler* (o. Anm. 134), S. 142.

Die innerstaatlichen Vorschriften über die Gerichts- und Amtssprache, insbesondere die Regelung über die Pflicht zur Zuziehung eines Dolmetschers in der mündlichen Gerichtsverhandlung, stellen ja zu einem Teil „Sonderrecht für deutschunkundige Ausländer" dar, die das Ziel verfolgen, die Auswirkungen der Sprachunterschiede zu mildern oder zu beseitigen. Es geht also im folgenden nicht darum, ob dieses Sonderrecht wegen seiner Sonderrechts-Qualität unzulässig ist, sondern um die Frage, ob diese Vorschriften der völkervertraglichen Inländerbehandlung im Gerichts- und Verwaltungsverfahren hinreichend Rechnung tragen und jedwede ungleichen Auswirkungen der deutschen Gerichts- und Amtssprache auf deutschkundige Inländer und deutschunkundige Angehörige der Vertragsstaaten in einem dem Sinn der Verträge entsprechenden Maße beseitigen.

ee) Vorab stellt sich jedoch die Frage der Einwirkung der völkervertraglichen Inländerbehandlungsklauseln auf das deutsche Prozeß- und Verwaltungsverfahrensrecht. Wenn auch völkerrechtliche Verträge den nationalen Gesetzgeber verpflichten, sein innerstaatliches Recht vertragskonform auszugestalten[155], so heißt das aber nicht, daß diesen Inländerbehandlungsklauseln ohne weiteres Durchgriffswirkung auf das nationale Recht in dem Sinne zukommt, daß sie vertragswidriges Recht außer Kraft setzen oder inhaltlich vertragskonform verändern.

Die bilateralen Freundschafts-, Handels- und Niederlassungsverträge und das Europäische Niederlassungsabkommen regeln u. a. die Bereiche Einreise und Aufenthalt von Angehörigen des einen Vertragsstaates im anderen Vertragsstaat; also Bereiche, die innerstaatlich durch das AuslG[156] geregelt sind. Obwohl nach § 55 Abs. 3 AuslG abweichende Bestimmungen in völkerrechtlichen Verträgen vom AuslG unberührt bleiben[157], sind Tragweite und Umfang der Einwirkung insbesondere der bilateralen Niederlassungsverträge auf die Vorschriften des AuslG über die Voraussetzungen der Erteilung der Aufenthaltserlaubnis (§ 2 Abs. 1 Satz 2) und die Zulässigkeit der Einschränkung durch Bedingungen und Auflagen (§ 7 Abs. 3) kontrovers[158]. Der *Hess. VGH* legt wegen § 55 Abs. 3 AuslG vertraglichen Bestimmungen, die vom AuslG zugunsten des Ausländers abweichen, eine die entsprechenden Vorschriften des AuslG verdrängende Wirkung bei. Dies hat zur Folge, daß aufgrund von Art. 1 Abs. 2 des deutsch-griechischen Niederlassungsvertrages die innerstaatlichen Regelungen der §§ 2, 7 AuslG in der Weise modifiziert werden, daß einem griechischen Staatsangehörigen die Einreise in die Bundesrepu-

[155] *Wengler* (o. Anm. 152), S. 1118.

[156] i. d. F. vom 25. 6. 1975 (BGBl., S. 1542).

[157] Desgl. für das materielle Steuerrecht § 2 AO.

[158] Dazu insbes. *Ruidisch* (o. Anm. 144), S. 175 ff.; *Randelzhofer*, Der Einfluß des Völker- und Europarechts auf das deutsche Ausländerrecht, 1980, S. 32 ff.

blik und der Aufenthalt in der Bundesrepublik nur aus dem im Niederlassungsvertrag enumerativ aufgeführten Gründen versagt oder durch Nebenbestimmungen zur Aufenthaltserlaubnis beschränkt werden darf[159]. Geringere Einwirkung gesteht das *Bundesverwaltungsgericht* dem Völkervertragsrecht auf das AuslG zu. Art. 1 Abs. 1 des deutsch-griechischen Niederlassungsvertrages, nach dem sich jeder Vertragsstaat verpflichtet, „den Staatsangehörigen des anderen Vertragsstaates die Einreise in sein Gebiet und den Aufenthalt zu erleichtern", wird als Vorbehalt zugunsten des jeweiligen materiellen Aufenthaltsrechts der Vertragsstaaten interpretiert[160]. Das Ermessen der deutschen Ausländerbehörde in § 2 Abs. 1 Satz 2 und § 7 Abs. 3 AuslG bei Erteilung und Einschränkung der Aufenthaltserlaubnis werde durch den deutsch-griechischen Niederlassungsvertrag nicht in Frage gestellt; dessen Wohlwollensklausel beschränke aber das behördliche Ermessen in dem Sinne, daß bei der Ermessensausübung dem Zweck des Vertrages gebührend Rechnung getragen werden müsse, so daß eine grundsätzlich ablehnende Einstellung gegenüber Anträgen griechischer Staatsangehöriger damit unvereinbar sei[161].

Aus dem Fehlen einer den §§ 55 Abs. 3 AuslG, 2 AO vergleichbaren Vorschrift im Prozeß- und Verwaltungsverfahrensrecht könnte man schließen, daß sich der Einfluß der völkervertraglichen Inländerbehandlungsklauseln hier nach den allgemeinen Regeln über das Verhältnis von Völkervertrags- und innerstaatlichem Recht bestimmt. Dies würde heißen: Die durch einfaches Bundesgesetz in innerstaatliches Recht transformierten vertraglichen Regelungen genießen nicht den Vorrang des Art. 25 Satz 2 GG gegenüber anderen Bundesgesetzen, weil sie keine „allgemeinen Regeln des Völkerrechts" i. S. v. Art. 25 Satz 1 GG sind[162]. Aufgrund der Kollisionsregel „lex posterior derogat legi priori" wird künftiges innerstaatliches, völkerrechtlichen Verträgen widersprechendes Recht nicht ausgeschlossen[163]. Für das Verhältnis von völkervertraglicher Inländerbehandlung im Prozeß- und Verwaltungsverfahrensrecht zu den innerstaatlichen Vorschriften über die Gerichts- und Amtssprache hätte das folgende Konsequenzen: Im Falle einer Kollision zwischen transformiertem Völkervertragsrecht und den Vorschriften über die Ge-

---

159 *Hess. VGH,* DÖV 1978, 137, 138 m. zust. Anm. *Kanein* = JZ 1978, 21 m. Anm. *Deiseroth* = Gew. Arch. 1977, 340 m. Anm. *Franz.*

160 *BVerwGE* 56, 254, 264.

161 *BVerwGE,* a.a.O., S. 266 f.; desgl. in bezug auf den dt.-span. Vertrag: *BVerwGE* 56, 273, 279; vermittelnd zwischen Hess. VGH u. BVerwG: *OVG Hamburg,* NJW 1978, 2467 ff., zum dt.-griech. Vertrag. s. ferner *OVG Hamburg,* DVBl. 1978, 502, 504; *VGH München,* VerwRspr. 1978, 602, 604. Zum Ganzen: *Huber,* NJW 1979, 1733, 1735 m. w. N.

162 Statt vieler: *Rojahn* in: von Münch (Hrsg.), Grundgesetz, 1976, Art. 25 GG, Rn. 8.

163 *Berber* (o. Anm. 141), S. 102; *Ruidisch* (o. Anm. 144), S. 36.

richtssprache wäre einmal zu unterscheiden zwischen den einzelnen Verträgen, die ja zu verschiedenen Zeiten in den Jahren zwischen 1927 und 1972 in innerstaatliches Recht transformiert wurden. Zum anderen wäre zu unterscheiden zwischen den einzelnen Prozeßordnungen, die die Geltung der Gerichtssprachenregelungen — überwiegend durch Verweis auf die §§ 184 ff. GVG — zu jeweils verschiedenen Zeitpunkten angeordnet haben. Zum Beispiel wäre im allgemeinen Verwaltungsprozeß, wo § 55 VwGO i. V. m. §§ 184 ff. GVG seit 1960 gilt, die Kollision mit den Inländerbehandlungsklauseln im deutsch-griechischen und deutsch-spanischen Niederlassungsabkommen, weil nach 1960 transformiert, zugunsten des Vertragsrechts, die mit den anderen vor 1960 transformierten Verträgen (z. B. mit den USA, Frankreich und Italien) zugunsten des innerstaatlichen Rechts zu entscheiden. Für den 1966 in Kraft getretenen § 52 Abs. 1 FGO (i. V. m. §§ 184 ff. GVG) müßte etwas anderes gelten und für §§ 184 ff. GVG wieder etwas anderes — obwohl die transformierten Inländerbehandlungsklauseln ebenso wie die innerstaatlichen Vorschriften inhaltsgleich sind. Im Falle einer Kollision zwischen vertraglicher Inländerbehandlung und den Vorschriften über die Amtssprache im Verwaltungsverfahren hingegen würden stets die §§ 23 VwVfG, 87 AO, Entw. SGB X, § 19, weil jüngsten Datums, Vorrang haben. Es bedarf keiner weiteren Ausführungen, daß die dargestellten differenzierten Ergebnisse unhaltbar sind.

Die Gründe für das Fehlen einer den §§ 55 Abs. 3 AuslG, 2 AO entsprechenden Vorschrift in den Prozeßordnungen und den Verwaltungsverfahrensgesetzen mögen einmal darin liegen, daß der Vorrang des Völkervertragsrechts vor innerstaatlichem Recht in den vom AuslG erfaßten Bereichen Einreise und Aufenthalt von Ausländern — der klassischen Domäne des Fremdenrechts — wegen der besonderen Bedeutung der Verträge gerade in diesem Bereich ausdrücklich sichergestellt werden sollte. Zum anderen und insbesondere ist in den Bereichen des Prozeß- und Verwaltungsverfahrensrechts durch das innerstaatliche Recht die Inländerbehandlung durch „gleiches Recht für In- und Ausländer" weitestgehend verwirklicht, so daß die Notwendigkeit einer Sicherung des Vorranges des Völkervertragsrechts vor abweichendem innerstaatlichen Recht hier nicht oder kaum besteht. Lediglich in Gestalt der besonderen Kostenvorschußpflicht für Ausländer[164], in Gestalt des Erfordernisses der Gegenseitigkeitsverbürgung als Voraussetzung für die Gewährung von Armenrecht[165] sowie im Bereich der Gerichtssprache und der damit zusammenhängenden Fragen gewährt das innerstaatliche Prozeßrecht bzw. seine Interpretation durch das überwiegende Schrifttum und die vorherrschende Rechtsprechung nicht durchweg Inländerbehand-

[164] § 110 ZPO.

[165] § 114 Abs. 2 ZPO.

lung für die Angehörigen der Vertragsstaaten[166]. Hinsichtlich der Bereiche der Kostenvorschußpflicht und der Armenrechtsgewährung für Ausländer enthalten die Rechtsschutzklauseln der bilateralen Verträge selbst Ausnahmen von der Inländerbehandlung und Vorbehalte zugunsten spezieller Vereinbarungen[167], so daß letztlich nur der Bereich der Gerichtssprache verbleibt, wo die Frage der Einwirkung der völkervertraglichen Inländerbehandlungsklauseln auf das innerstaatliche Prozeßrecht wegen der in §§ 184 ff. GVG nicht voll verwirklichten Inländerbehandlung noch praktische Bedeutung hat. Gegenüber dem innerstaatlichen Verwaltungsverfahrensrecht ist die Bedeutung dieser Frage schon viel geringer, weil dort das innerstaatliche Recht über die Amtssprache in den §§ 23 Abs. 2 - 4 VwVfG, 87 Abs. 2 - 4 AO; Entw.SGB X, § 19 Abs. 2 - 4 detailliertere und ausländerfreundlichere Regelungen bereithält.

Mir scheint deshalb das Fehlen innerstaatlicher Vorschriften, die abweichenden Bestimmungen in völkerrechtlichen Verträgen Vorrang vor dem deutschen Prozeß- und Verwaltungsverfahrensrecht sichern, allein noch kein hinreichendes Argument zu sein, um eine Einwirkung der vertraglichen Inländerbehandlungsklauseln im Gerichts- und Verwaltungsverfahren auf die innerstaatlichen Vorschriften über die Gerichts- und Amtssprache von vornherein auszuschließen. Eine solche Einwirkung wird freilich um so eher bejaht werden können, als lediglich eine vertragskonforme Auslegung und Anwendung innerstaatlichen Rechts ohne Änderung seines Wortlauts die Inländerbehandlung verwirklicht; umgekehrt also um so zurückhaltender zu bejahen sein, je stärker das innerstaatliche Recht inhaltlich verändert werden muß, um der vertraglichen Inländerbehandlung zu entsprechen.

ff) Daraus ergeben sich für die Vorschriften über die Gerichts- und Amtssprache folgende Bewertungen:

Wenn das innerstaatliche Prozeßrecht in § 184 GVG keinen, das innerstaatliche Verwaltungsverfahrensrecht in §§ 23 Abs. 1 VwVfG, 87 Abs. 1 AO; Entw.SGB X, § 19 Abs. 1 nach hiesigem Verständnis in der Regel keinen Anspruch gewährt, daß sich deutsche Gerichte und Verwaltungsbehörden bei schriftlichen Äußerungen der Muttersprache des Ausländers bedienen oder ihren deutschsprachigen Äußerungen eine entsprechende Übersetzung beifügen, so beruht dies zwar auf „gleichem Recht für In- und Ausländer". Sachlich handelt es sich jedoch wegen der tatsächlichen Ungleichheit beider Personenkreise — die unterschiedliche

---

[166] Unzutreffend daher *Nagel*, Die Begrenzung des internationalen Zivilprozeßrechts durch das Völkerrecht, ZZP 75 (1962), S. 508: der Fremde wird im Zivilprozeßrecht „in vielerlei Hinsicht" schlechter behandelt als der Einheimische.

[167] Nicht jedoch das Europäische Niederlassungsabkommen.

Kenntnis der deutschen Gerichts- oder Amtssprache — um eine Ungleichbehandlung der regelmäßig deutschunkundigen Angehörigen der Vertragsstaaten im Vergleich zu deutschkundigen Inländern. Bei gerichtlichen oder behördlichen Entscheidungen, die den Lauf einer Rechtsbehelfs- oder Rechtsmittelfrist bewirken, ist der Ausländer deshalb im Gegensatz zu Inländern auf die Wiedereinsetzung in den vorigen Stand angewiesen, wenn er infolge seiner Unkenntnis der deutschen Sprache die Frist versäumt.

Völkervertragliche Inländerbehandlung muß nicht stets und überall mathematisch gleiche, d. h. identische Behandlung von In- und Ausländern bedeuten. Vielmehr kann sie unter Umständen auch „nur" eine Behandlung der Ausländer fordern, die sich der den Inländern gewährten Behandlung als qualitativ gleichwertig erweist. Das gilt jedenfalls in Bereichen, die allein oder entscheidend von den naturgegebenen, tatsächlichen Unterschieden zwischen In- und Ausländern geprägt werden; wo es also darauf ankommt, zur Verwirklichung der Inländerbehandlung die Auswirkungen dieser Unterschiede soweit wie möglich auszugleichen. Eine formal unterschiedliche Behandlung von In- und Ausländern im gerichtlichen und verwaltungsbehördlichen Verfahren ist so gesehen dort und in dem Maße nicht völkervertragswidrig, als damit keine Einbuße an Qualität und Effektivität des Verfahrens für den Ausländer verbunden ist. Bloße andersartige Regelungen für Ausländer sind zulässig; ausgeschlossen sind nur minderwertige Regelungen. Der deutsche Gesetzgeber ist danach durch die genannten völkervertraglichen Inländerbehandlungsklauseln nicht gehindert, deutsch als Gerichts- und Amtssprache auch gegenüber den Angehörigen der Vertragsstaaten vorzuschreiben, wie umgekehrt die Gesetzgeber dieser Vertragsstaaten die Anwendung ihrer nationalen Gerichts- und Amtssprache gegenüber deutschen Staatsangehörigen vorgeschrieben haben[168].

Deutsch als Gerichts- und Amtssprache entspricht jedoch nur unter der wesentlichen Einschränkung der Inländerbehandlung, daß den Angehörigen der Vertragsstaaten dadurch keine Nachteile entstehen, die ihre Behandlung im gerichtlichen und behördlichen Verfahren der Inländern gewährten Behandlung als nicht qualitativ gleichwertig erscheinen läßt. Derartige Nachteile erwachsen, wenn bei Versäumung der Rechtsbehelfs- oder Rechtsmittelfrist gegen deutschsprachige Entscheidungen infolge Unkenntnis der deutschen Sprache dem Ausländer nicht prinzipiell Wiedereinsetzung gewährt wird. Daß Ausländer den Weg über die Wiedereinsetzung gehen müssen — und nicht etwa der Lauf der Frist erst beginnt, wenn ihnen eine selbstbeschaffte Übersetzung vorliegt[169] — ist

[168] s. dazu unten III 5 a / III 5 c.

[169] Von der Schwierigkeit der Feststellung dieses Zeitpunktes einmal abgesehen.

für sich allein noch keine qualitativ minderwertige Behandlung[170], wenn die Gerichte und Behörden das Institut der Wiedereinsetzung in einer die völkervertragliche Inländerbehandlung berücksichtigenden Weise handhaben. Das setzt einmal voraus, daß bei Beurteilung der Kausalität der Unkenntnis der deutschen Sprache für die Fristversäumung diese Kausalität zu vermuten ist, den Ausländer also hierfür keine Darlegungs- und Beweislast treffen darf. Zum anderen ist mangelndes Verschulden an der Fristversäumung zu vermuten; Wiedereinsetzung wegen schuldhafter Fristversäumung daher nur zu versagen, wenn dem Ausländer insoweit vorsätzliches Handeln nachgewiesen werden kann. Zur Vertragskonformität der Vorschriften über die Gerichts- und Amtssprache hinsichtlich solcher Entscheidungen, mit deren deutschsprachiger Bekanntgabe an deutschunkundige Ausländer der Lauf einer Frist beginnt, bedarf es demnach keiner Änderung innerstaatlicher Vorschriften, sondern lediglich einer den völkervertraglichen Inländerbehandlungsklauseln zu optimaler Geltung verhelfenden Handhabung des Instituts der Wiedereinsetzung in den vorigen Stand bei Fristversäumung infolge Unkenntnis der deutschen Sprache.

Nicht stand hält den völkervertraglichen Inländerbehandlungsklauseln die Ansicht, aus § 184 GVG folge die Unbeachtlichkeit fremdsprachiger Rechtsschutzgesuche[171]. Von einem qualitativ gleichwertigen Rechtsschutz kann keine Rede sein, wenn fremdsprachige Rechtsschutzgesuche von Angehörigen der Vertragsstaaten wirkungslos sind, ohne daß sie Gelegenheit hatten, auf eine entsprechende gerichtliche Aufforderung hin eine Übersetzung in die deutsche Gerichtssprache vorzulegen. Der Ausländer muß erwarten dürfen, daß das angerufene deutsche Gericht von ihm die Vorlage einer Übersetzung anfordert, anstatt das Rechtsschutzgesuch nicht zu beachten und bei fristgebundenen Rechtsschutzgesuchen deren Unzulässigkeit wegen Fristablaufs herbeizuführen.

Völkervertragskonform ist das innerstaatliche Recht über die Gerichtssprache somit nur, wenn man die im Verwaltungsverfahren geltenden Regelungen entsprechend anwendet und auch die Gerichte verpflichtet, von dem Ausländer innerhalb einer vom Gericht zu setzenden angemessenen Frist die Vorlage einer Übersetzung zu verlangen, mit deren fristgemäßer Vorlage der Zeitpunkt des Eingangs des fremdsprachigen Rechtsschutzgesuchs für die Klageerhebung oder Rechtsmitteleinlegung maßgebend ist[172]. Nur unter dieser Voraussetzung bleibt der Rechtsschutz für die Angehörigen der Vertragsstaaten nicht qualitativ hinter dem für Inländer zurück. Eine solche völkervertragskonforme Ergänzung von § 184 GVG durch die verwaltungsverfahrensrechtlichen Vor-

170 a. A. wohl *Häberle* (o. Anm. 14), S. 62.

171 Nachw. o. Anm. 23.

172 Vgl. §§ 23 Abs. 2, 4 VwVfG, 87 Abs. 2, 4 AO; Entw. SGB X, § 19 Abs. 2, 4.

schriften (§§ 23 Abs. 2, 4 VwVfG, 87 Abs. 2, 4 AO; Entw.SGB X, § 19 Abs. 2, 4) stellt keine unzulässige richterliche Rechtsschöpfung dar, die die Bindung des Richters an Gesetz und Recht (Art. 20 Abs. 3 GG) mißachtet. Es ist ja höchst fraglich, ob aus § 184 GVG die Unbeachtlichkeit fremdsprachiger Rechtsschutzgesuche folgt oder ob diese Vorschrift nicht vielmehr so auszulegen ist, daß sie nur die Sprache des Gerichts, nicht aber die Sprache der dem Gericht vorgelegten Schriftstücke betrifft[173]. So gesehen enthält § 184 GVG eine Regelungslücke, die es nach den herkömmlichen Methoden der Lückenergänzung zu schließen gilt. Die Lükkenschließung erfolgt durch Anwendung von Vorschriften, die als Ausdruck eines allgemeinen Rechtsgedankens[174] auch im Prozeßrecht als ungeschriebenes Recht gelten[175] und für einen Teilbereich sogar geschriebenes Prozeßrecht sind, indem § 3 Abs. 2 des Ausführungsgesetzes zum Übereinkommen über die gerichtliche Zuständigkeit und die Vollstrekkung gerichtlicher Entscheidungen in Zivil- und Handelssachen eine den verwaltungsverfahrensrechtlichen Vorschriften entsprechende Regelung enthält[176].

Die Vorschriften über die Amtssprache schweigen über eine Pflicht der Behörden, beim mündlichen Umgang mit Deutschunkundigen einen Dolmetscher zuzuziehen. Gegenüber Angehörigen eines Vertragsstaates, mit dem völkervertraglich Inländerbehandlung auch im Verwaltungsverfahren vereinbart ist[177], sind die deutschen Behörden jedenfalls im förmlichen Verwaltungsverfahren mit zwingender mündlicher Verhandlung (§ 67 Abs. 1 Satz 1 VwVfG) verpflichtet, durch analoge Anwendung von § 185 GVG diese Lücke in § 23 VwVfG[178] vertragskonform zu schließen. Die Behörden müssen also einen Dolmetscher zur mündlichen Verhandlung zuziehen, wenn nicht die Verhandlung fremdsprachig geführt wird, weil sämtliche Beteiligte der Sprache des Ausländers oder einer dritten Sprache mächtig sind (§ 185 Abs. 2 GVG). Ohne eine solche Verpflichtung wäre die Behandlung des Ausländers verglichen mit der Behandlung von Inländern eine ganz entscheidend minderwertige, denn er könnte weder den Ausführungen der anderen Beteiligten folgen, noch selbst für diese verständliche Ausführungen machen. Von rechtlichem Gehör in gleichwertigem Umfang wie es Inländern gewährt wird, könnte keine

---

[173] Nachw. o. Anm. 24.

[174] So *Göhler* (o. Anm. 24), § 67 OWiG, Rn. 20; *Kleinknecht* (o. Anm. 23), § 184 GVG, Rn.4; im Ergebnis wohl auch *Schneider,* MDR 1979, 534.

[175] Deshalb bedarf es m. E. entgegen *Baumbach / Lauterbach / Albers / Hartmann* (o. Anm. 23), § 184 GVG, Anm. 1 dafür auch keiner gesetzlichen Regelung.

[176] s. dazu oben S. 17.

[177] Nachw. o. Anm. 131, 133.

[178] § 87 AO, Entw. SGB X, § 19 sind insoweit nicht lückenhaft, weil die AO u. der Entw. SGB X kein förmliches Verwaltungsverfahren kennen.

Rede sein. Die mündliche Verhandlung im förmlichen Verwaltungsverfahren unterscheidet sich insoweit in nichts von der mündlichen Verhandlung im Gerichtsverfahren. Wird dort die Verständigung mit Deutschunkundigen, d. h. das rechtliche Gehör und damit die Inländerbehandlung durch einen Dolmetscher gewährleistet, so muß dies gleichermaßen auch hier gelten. Im nichtförmlichen Verwaltungsverfahren ist aufgrund völkervertraglicher Inländerbehandlung § 185 GVG nur dann analog anzuwenden, wenn nach innerstaatlichem Recht eine Pflicht zu *mündlicher* Anhörung besteht. Das bestimmt sich für Angehörige der Vertragsstaaten nach den auch für Inländer geltenden Vorschriften und ist nur dann der Fall, wenn erstens die Anhörung als solche im konkreten Verfahren zwingend ist, d. h. kein Ausnahmetatbestand des besonderen Verwaltungsverfahrensrechts, subsidiär der §§ 28 Abs. 2, 3 VwVfG, 91 Abs. 2, 3 AO; Entw.SGB X, § 34 Abs. 2 eingreift und zweitens das Ermessen der Behörde hinsichtlich der Form der Anhörung, mündlich oder schriftlich, auf eine mündliche Anhörung reduziert ist, weil eine schriftliche dem Anhörungszweck nicht gerecht würde.

Völkervertragliche Inländerbehandlung im Gerichts- und Verwaltungsverfahren kann schließlich Auswirkungen haben auf die Kostenregelungen, soweit sie dem Angehörigen eines Vertragsstaates Kosten auferlegen, die infolge seiner Unkenntnis der deutschen Sprache entstehen. In Verfahren, an denen deutschunkundige Ausländer beteiligt sind, können diese zusätzlichen Kosten ganz erheblich sein, wenn etwa zahlreiche oder umfangreiche Schriftstücke übersetzt werden müssen, in mehrtägigen mündlichen Verhandlungen ein Dolmetscher zuzuziehen ist oder der Ausländer sich auch in Verfahren ohne Anwaltszwang des Beistandes eines Anwalts bedienen muß[179]. Für die Gerichtsverfahren enthalten die Inländerbehandlungsklauseln der Verträge hinsichtlich der Pflicht zur Sicherheitsleistung für die Prozeßkosten und der Armenrechtsgewährung Ausnahmen und Vorbehalte zugunsten spezieller Vereinbarungen. Solche speziellen Vereinbarungen — in der Regel Art. 17 und 20 des Haager Übereinkommens[180], vereinzelt bilaterale Abkommen[181] — verbürgen die Gegenseitigkeit als Voraussetzung für den Wegfall der Pflicht zur Sicherheitsleistung für die Prozeßkosten (§ 110 Abs. 2 Nr. 1 ZPO) und die Gewährung von Armenrecht (§ 114 Abs. 2 Satz 1 ZPO), so daß auch insoweit den Angehörigen der Vertragsstaaten

---

[179] Zur Notwendigkeit s. oben S. 20 f.

[180] s. o. Anm. 127; diese gelten gegenüber Angehörigen folgender Vertragsstaaten: Frankreich, Italien, Japan, Niederlande, Schweden, Schweiz u. Spanien; Nachw. bei *Baumbach / Lauterbach / Albers / Hartmann* (o. Anm. 23), § 110 ZPO, Anh. Anm. 3; § 114 ZPO, Anh. Anm. 2.

[181] Gegenüber Angehörigen folgender Vertragsstaaten: Griechenland, Iran u. Türkei; Nachw. bei *Baumbach / Lauterbach / Albers / Hartmann* (o. Anm. 180); gegenüber Staatsangehörigen der USA gilt Art. VI des Freundschaftsvertrages vom 29. 10. 1954 (o. Anm. 130).

Inländerbehandlung gewährt wird[182]. In diesen beiden Punkten des Kostenrechts erschöpfen sich jedoch die speziellen Vereinbarungen, woraus folgt, daß sie innerstaatliches Kostenrecht im übrigen, also auch soweit es Angehörigen eines Vertragsstaates allein wegen ihrer Unkenntnis der Gerichtssprache des Aufenthaltsstaates Kosten auferlegt, nicht in Frage stellen wollten und als inländerbehandlungskonform ansehen. Hinzu kommt, daß im Gerichtsverfahren regelmäßig die unterlegene Partei die Kosten zu tragen hat, und zwar auch die wegen der Deutschunkenntnis einer Partei anfallenden Kosten, wenn und soweit sie notwendig waren. Mit diesem zusätzlichen und erhöhten Kostenrisiko ist also ein Prozeß gegen einen Ausländer von vornherein und für beide Parteien belastet. Völkervertragliche Inländerbehandlung kann daher nicht bedeuten, daß im Falle des Unterliegens eines Angehörigen eines Vertragsstaates ihm diese Kosten, weil allein wegen seiner Deutschunkenntnis entstanden, nicht auferlegt werden dürfen und von der Staatskasse zu tragen sind. Dies wäre keine Inländerbehandlung, sondern im Ergebnis eine Besserstellung gegenüber Inländern, denn auch sie haben ja im Falle ihres Unterliegens diese Kosten zu tragen. Das erhöhte Kostenrisiko kann nicht einseitig dem Angehörigen eines Vertragsstaates abgenommen werden. Es beiden Parteien gleichermaßen abzunehmen, also auch den unterlegenen Inländer von den zusätzlichen Kosten zu befreien, scheint mir eine Überdehnung der völkervertraglichen Inländerbehandlung. Daraus folgt zugleich, daß die Grenzen zwischen zulässigem und zulässigem, zur faktischen Rechtsschutzverweigerung führendem zusätzlichen Kostenrisiko für Aus- und Inländer gleich zu ziehen ist. Sie ist eine Frage der Rechtsschutzgarantie, nicht der Inländerbehandlung.

Anders verhält es sich im Verwaltungsverfahren. Hier gibt es zum einen keine vertraglichen Vorbehalte zugunsten spezieller Vereinbarungen im Kostenbereich. Zum anderen besteht hier nicht von vornherein und für beide Parteien gleichermaßen ein erhöhtes Kostenrisiko wie im Gerichtsverfahren. Die Kosten für die Übersetzung von Schriftstücken und etwaige Dolmetscherkosten, die hier freilich viel seltener sind als im Gerichtsverfahren, gehen stets und unabhängig von einem „Unterliegen" im Verfahren zu Lasten des deutschunkundigen Ausländers. Wenn Inländerbehandlung beim „Zutritt zu Amtsstellen bzw. Verwaltungsbehörden" völkervertraglich vereinbart ist[183], dürfen also dem Angehörigen eines Vertragsstaates keine Kosten entstehen, die nicht auch Inländern in einem solchen Verfahren entstehen würden, so daß die zusätzlichen, infolge seiner Deutschunkenntnis anfallenden Kosten nicht

[182] Einzige Ausnahme in bezug auf § 110 Abs. 2 Nr. 1 ZPO: Dominikan. Republik, insoweit keine Gegenseitigkeitsverbürgung trotz Inländerbehandlung im gerichtlichen Verfahren nach Art. 7 Abs. 1 des dt.-dominikan. Vertrages (o. Anm. 131).

[183] Nachw. oben Anm. 131.

zu seinen Lasten gehen dürfen, sondern von der Staatskasse zu tragen sind. Dieser vertraglichen Verpflichtung stehen freilich die Vorschriften der §§ 23 Abs. 2 Satz 3 VwVfG, 87 Abs. 2 Satz 3 AO entgegen[184], die nach Transformation der völkerrechtlichen Verträge erlassen wurden und als gleichrangige leges posteriores der lex priori vorgehen. Der deutsche Gesetzgeber ist daher gegenüber den Vertragsstaaten, deren Staatsangehörigen Inländerbehandlung im Verwaltungsverfahren zu gewähren ist, zur völkervertragskonformen Ausgestaltung des innerstaatlichen Rechts verpflichtet, was zweckmäßigerweise durch einen § 30 Abs. 2 SGB-AT entsprechenden Vorbehalt geschehen könnte.

c) Rechtsschutzgarantie der EMRK

Art. 13 EMRK[185] enthält eine Rechtsschutzgarantie bei Verletzung der Rechte und Freiheiten der Konvention und nach Art. 6 Abs. 1 Satz 1 hat jedermann Anspruch darauf, daß „über zivilrechtliche Ansprüche und Verpflichtungen oder über die Stichhaltigkeit der erhobenen strafrechtlichen Anklage" seine Sache „in billiger Weise öffentlich und innerhalb einer angemessenen Frist gehört wird, und zwar von einem unabhängigen und unparteiischen, auf Gesetz beruhenden Gericht". Diese Vorschrift soll nach überwiegender Ansicht für zivilrechtliche Ansprüche und Verpflichtungen einen Justizgewährungsanspruch beinhalten[186]; andere sehen in ihr lediglich die Garantie bestimmter Mindestanforderungen an das Gerichtsverfahren, u. a. die Gewährung des rechtlichen Gehörs, falls das nationale Recht für die betreffende Sache ein Gerichtsverfahren überhaupt vorsieht[187]. Als Garantie des rechtlichen Gehörs garantiert Art. 6 Abs. 1 Satz 1 EMRK die Zuziehung eines Dolmetschers zur mündlichen Gerichtsverhandlung, wenn unter Beteiligung von Personen verhandelt wird, die der Gerichtssprache unkundig sind (§ 185 GVG)[188]. Der Anspruch auf rechtliches Gehör hat darüber hinaus Vorwirkung, beginnt also nicht erst nach Anhängigkeit der Sache, sondern muß sich auch auf den Vorgang des Anhängigmachens erstrecken, so

---

[184] Nicht jedoch Entw. SGB X, § 19 Abs. 2 Satz 3 wegen des Vorbehalts in § 30 Abs. 2 SGB-AT.

[185] Oben Anm. 26.

[186] *Dürig* in: Maunz / Dürig / Herzog / Scholz, Grundgesetz, Stand: Aug. 1979, Art. 1 GG, Rn. 68 u. Art. 103 GG, Rn. 97; *Guradze* (o. Anm. 55), Art. 6 EMRK, Anm. 14; zum Streitstand ausführl.: *Dütz,* Rechtsstaatlicher Gerichtsschutz im Privatrecht, 1970, S. 63 f. m. w. N.

[187] *Bettermann,* Der Schutz der Grundrechte in der ordentlichen Gerichtsbarkeit, in: Die Grundrechte, Bd. III/2, 1959; S. 779 ff., 829; *Partsch,* Die Rechte und Freiheiten der Europäischen Menschenrechtskonvention, in: Die Grund: rechte, Bd. I/1, 1966, S. 383 f.; *Dütz* (o. Anm. 186), S. 65; offenlassend: *BVerfGE* 14, 1, 8.

[188] Also ebenso wie Art. 103 Abs. 1 GG, dazu statt vieler: *Dürig* in: Maunz / Dürig / Herzog / Scholz (o. Anm. 186), Art. 103 GG, Rn. 79; *Stober,* VR 1979, 325, 329.

daß Rechtsschutzgesuche, mündliche wie schriftliche, unter den Gewährleistungsgehalt des rechtlichen Gehörs fallen. Ist bei mündlichen Rechtsschutzgesuchten Deutschunkundiger ein Dolmetscher zuzuziehen, so können schriftliche fremdsprachige Rechtsschutzgesuche nicht, wie überwiegend angenommen, unbeachtlich und nicht fristwahrend sein[189].

Weitergehende Garantien enthält Art. 6 Abs. 3 EMRK für das Strafverfahren. Der Beschuldigte muß bereits im Ermittlungsverfahren „in allen Einzelheiten über die Art und den Grund“ der Beschuldigung „in einer ihm verständlichen Sprache“ in Kenntnis gesetzt werden (lit. a)[190]; die Zuziehung von Dolmetschern muß unentgeltlich erfolgen (lit. e), nach überwiegender Ansicht sogar im Falle der Verurteilung[191].

2. Völkergewohnheitsrechtliches Fremdenrecht in seiner Bedeutung für die Gerichts- und Amtssprache

Beziehen sich die vorstehenden Ausführungen allein auf die Angehörigen der Staaten, mit denen die Bundesrepublik Deutschland vertraglich Inländerbehandlung im gerichtlichen und Verwaltungsverfahren vereinbart hat, so gilt es nunmehr zu klären, ob das Völkerrecht eine bestimmte Behandlung aller übrigen Ausländer vor deutschen Gerichten und Verwaltungsbehörden vorschreibt, zu deren Beachtung die nationalen Staatsorgane verpflichtet sind. Neben dem Völkervertragsrecht enthält das Völkergewohnheitsrecht Regeln, die die Staaten zu einer bestimmten Behandlung von Ausländern verpflichten, die sich auf ihrem Territorium aufhalten. Das Völkergewohnheitsrecht kennt ein Fremdenrecht, d. h. einen Bestand an ungeschriebenen, kraft Gewohnheitsrecht geltenden Regeln über die Behandlung von Fremden durch die Staatsorgane des Aufenthaltsstaates.

a) Begriff und Bedeutung

Ist die Existenz eines völkergewohnheitsrechtlichen Fremdenrechts im völker- und staatsrechtlichen Schrifttum der Bundesrepublik Deutschland allgemein anerkannt[192], so besteht jedoch über ihren Inhalt im ein-

---

[189] Desgl. in bezug auf Art. 103 Abs. 1 GG: *Stober*, VR 1979, 325, 329.

[190] s. auch oben S. 18.

[191] Nachw. u. Kritik oben S. 22 f.

[192] Dazu etwa *Doehring*, Die allgemeinen Regeln des völkerrechtlichen Fremdenrechts und das deutsche Verfassungsrecht, 1963, S. 35 ff.; *Erdmann* (o. Anm. 134), S. 28 ff.; *Schnitzer*, „Fremdenrecht“ in: Schlochauer (Hrsg.), Wörterbuch des Völkerrechts, Bd. I, 1960, S. 566 ff.; *Jaenicke*, Die Grundsätze über den gerichtlichen Rechtsschutz des einzelnen gegen die Exekutive im System der Völkerrechtsordnung, in: Gerichtsschutz gegen die Exekutive, Max-Planck-Institut für ausländisches öffentliches Recht und Völkerrecht, hrsg. von Mosler, 1971, Bd. III, S. 286; *Friederichsen*, Die Stellung des Frem-

zelnen kein allgemeiner Konsens, was seinen Grund u. a. darin hat, daß es sich um ungeschriebenes und ständig fortentwickelndes, also inhaltlich wandelndes Gewohnheitsrecht handelt, dessen konkreter Inhalt naturgemäß schwer feststellbar ist[193]. Als „allgemeine Regeln des Völkerrechts" ist das völkergewohnheitsrechtliche Fremdenrecht aufgrund von Art. 25 Satz 1 GG Bestandteil des Bundesrechts und geht nach dessen Satz 2 den deutschen Gesetzen vor.

Vom völkerrechtlichen Fremdenrecht, dem Völkervertragsrecht und dem gewohnheitsrechtlichen Fremdenrecht, d. h. der allgemein mit Rechtsüberzeugung angenommenen Übung der Staaten in der Behandlung von Fremden, zu unterscheiden ist das innerstaatliche Fremdenrecht, das nationale Recht des Aufenthaltsstaates von Fremden, das ihre Rechtsstellung regelt[194], z. B. das Ausländerpolizeirecht. Eine engere Definition geht davon aus, innerstaatliches Fremdenrecht knüpfe notwendig daran an, daß eine Person nicht die Staatsangehörigkeit des Aufenthaltsstaates besitzt oder staatenlos ist[195]. Danach wären die Vorschriften über die Gerichts- und Amtssprache gar keine Normen des innerstaatlichen Fremdenrechts, denn ihr Tatbestandsmerkmal ist ja nicht ein fehlender Rechtsstatus einer Person — ihre fehlende deutsche Staatsangehörigkeit oder Staatenlosigkeit —, sondern sie knüpfen an die tatsächliche Unkundigkeit einer Person hinsichtlich der deutschen Sprache an. Nicht für jeden Fremden, weil er solcher ist, werden diese Vorschriften relevant, sondern nur für die Fremden, die nicht über hinreichende Kennt-

---

den in deutschen Gesetzen und völkerrechtlichen Verträgen seit dem Zeitalter der französischen Revolution, Diss. Göttingen, 1967; *Bleckmann*, Grundgesetz und Völkerrecht, 1975, S. 342 ff.; *Wengler* (o. Anm. 152), S. 1003 f.; *Berber* (o. Anm. 141), S. 406 ff.; *Dahm* (o. Anm. 144), S. 497 ff.; *Menzel / Ipsen*, Völkerrecht, 2. Aufl. 1979, S. 173 ff.; aus dem älteren Schrifttum: *von Frisch*, Das Fremdenrecht — Die staatsrechtliche Stellung des Fremden, 1910; *Isay*, Das deutsche Fremdenrecht — Ausländer und Polizei, 1923; *Steinbach*, Untersuchungen zum internationalen Fremdenrecht, 1931; aus dem internat. Schrifttum insbes.: *Borchard*, The Diplomatic Protection of Citizens Abroad, 1915; *ders.*, The „Minimum Standard" of the Treatment of Aliens, ASIL Proceedings, 1939, S. 51 ff.; *Roth*, The Minimum Standard of International Law Applied to Aliens, 1949, S. 21 ff.; *Hoffheimer*, Wandering between two worlds: Employment discriminations against aliens, VJIL 1976, S. 355 ff.

[193] Zur Praxis der Feststellung von Völkergewohnheitsrecht allgemein aus jüngerer Zeit: *Geck*, Das Bundesverfassungsgericht und die allgemeinen Regeln des Völkerrechts, in: BVerfG und GG, Festgabe für das BVerfG, 1976, Bd. II, S. 125, 127 ff.; *Bleckmann*, Zur Feststellung und Auslegung von Völkergewohnheitsrecht, ZaöRV 1977, 504 ff.; *R. Geiger*, Zur Lehre vom Völkergewohnheitsrecht in der Rechtsprechung des Bundesverfassungsgerichts, AöR 103 (1978), S. 382 ff.

[194] Dazu insbes. *Doehring* (o. Anm. 192), S. 23, 29 f.; *Berber* (o. Anm. 141), S. 406; *Dahm* (o. Anm. 144), S. 498 f.; *Menzel / Ipsen* (o. Anm. 192), S. 173; *Seidl-Hohenveldern*, Völkerrecht, 3. Aufl. 1975, Rn. 1172.

[195] *Isay* (o. Anm. 192), S. 4; weitergehend *Doehring* (o. Anm. 182), S. 31 f., der auch das Heimatrecht des Fremden, dem er weiterhin unterworfen bleibt, einbeziehen will.

nisse der deutschen Sprache verfügen. Da diese Unkenntnis jedoch nicht nur die Regel bei Fremden sein dürfte, die fremde Sprache und die Unkenntnis der deutschen Sprache vielmehr regelmäßige, typische und charakteristische Merkmale eines Fremden darstellen, sind die Vorschriften über die Gerichts- und Amtssprache durchaus Normen des innerstaatlichen Fremdenrechts. Eine erweiterte Definition nimmt dementsprechend innerstaatliches Fremdenrecht auch an, wenn Vorschriften an Merkmale anknüpfen, die typischerweise bei Fremden nicht vorhanden sind[196]. Wie die Vorschriften der §§ 184 ff. GVG, 23 VwVfG, 87 AO, Entw.SGB X, § 19 zeigen, gibt es auch Normen im innerstaatlichen Fremdenrecht, die wegen ihres Regelungsgegenstandes an die fehlende deutsche Staatsangehörigkeit oder Staatenlosigkeit einer Person gar nicht anknüpfen können, sondern andere Merkmale, in denen sich deutsche Staatsangehörige und Fremde im Regelfall und typischerweise unterscheiden, in ihren Tatbestand aufnehmen.

Andererseits bestehen aber zwischen dem völkergewohnheitsrechtlichen und dem innerstaatlichen Fremdenrecht Abhängigkeiten und Wechselbeziehungen. Das innerstaatliche Fremdenrecht wird sowohl von völkerrechtlichen Verträgen mit fremdenrechtlichen Gegenständen determiniert, als auch vom Völkergewohnheitsrecht, an dem es sich messen lassen muß[197], wenn auch die Bedeutung des Gewohnheitsrechts in diesem Bereich wegen des wachsenden Anteils des Vertragsrechts immer mehr zurückgeht. Indem Art. 25 GG die allgemeinen Regeln des Völkerrechts in das Bundesrecht inkorporiert und mit Vorrang vor den Gesetzen ausstattet, erzwingt das GG eine dem allgemeinen Völkerrecht entsprechende Gestaltung des Bundesrechts[198]. Dabei kann in unserem Zusammenhang die „nicht eindeutig zu beantwortende Rangfrage“[199] der allgemeinen Regeln des Völkerrechts im Verhältnis zum genuinen Bundesrecht offenbleiben[200]. Jedenfalls brechen die durch Art. 25 GG dem Bundesrecht inkorporierten allgemeinen Regeln des Völkerrechts das hinter ihnen zurückbleibende oder ihnen widersprechende Bundesrecht. Im Kollisionsfalle bewirkt dieser Völkerrechtsvorgang allerdings nicht die ipso-iure-Nichtigkeit der genuin bundesrechtlichen Norm, wie bei den Kollisionen von Normen des innerstaatlichen Rechts, vielmehr bewirken

[196] *Erdmann* (o. Anm. 134), S. 20; ihm folgend: *Grabitz,* Europäisches Bürgerrecht zwischen Marktbürgerschaft und Staatsbürgerschaft, 1970, S. 9 f.

[197] Statt vieler: *Berber* (o. Anm. 141), S. 406.

[198] *BVerfGE* 23, 288, 316.

[199] So *Bleckmann* (o. Anm. 192), S. 294.

[200] Vertreten werden: Überverfassungsrang, Verfassungsrang und Rang zwischen Verfassung und einfachem Bundesgesetz, für letzteres: *BVerfGE* 6, 309, 363; zum Streitstand etwa: *Doehring* (o. Anm. 192), S. 173 ff.; *Bleckmann* (o. Anm. 192), S. 294 f.; *Geck* (o. Anm. 193), S. 137; *Stern,* Das Staatsrecht der Bundesrepublik Deutschland, Bd. I, 1977, S. 264 f. jew. m. w. N.

die allgemeinen Regeln des Völkerrechts die Verdrängung oder die völkerrechtskonforme Auslegung der kollidierenden Norm des genuinen Bundesrechts[201].

Innerstaatliches Fremdenrecht hat seinerseits Auswirkungen auf die Entstehung und den Inhalt von Völkergewohnheitsrecht insofern, als fremdenrechtliche Regelungen der nationalen Rechtsordnungen, die in einer weitaus größeren Zahl von Staaten übereinstimmend gelten und als solche „Ausdruck einer allgemeinen, als Recht anerkannten Übung"[202] sind, die Staatenpraxis der Behandlung von Sachverhalten mit Ausländerbeziehung dokumentieren und somit gewohnheitsrechtbildende Wirkung für völkerrechtliches Fremdenrecht entfalten können[203]. Das übereinstimmend und allgemein geltende innerstaatliche Fremdenrecht kann sowohl zur Gewinnung eines positiven Rechtssatzes des Völkergewohnheitsrechts dienen, als auch zur Gewinnung eines negativen Rechtssatzes, das aufgrund übereinstimmender, von der Rechtsüberzeugung getragener Staatenpraxis ein bestimmtes Recht für Fremde gegenüber ihrem Aufenthaltsstaat nicht besteht, bzw. für diesen eine bestimmte Pflicht, die Behandlung von Fremden betreffend, dem Völkergewohnheitsrecht nicht zu entnehmen ist[204].

b) Garantie eines fremdenrechtlichen Mindeststandards

Die Feststellung des Inhalts des völkergewohnheitsrechtlichen Fremdemrechts im einzelnen bereitet — wie die Feststellung völkergewohnheitsrechtlicher Rechtssätze allgemein — den Schwierigkeiten, die mit der Ermittlung einer „ständigen Staatenpraxis" und einer allgemeinen „opinio iuris"[205] naturgemäß verbunden sind[206]. In unserem Zusammen-

---

[201] *BVerfGE* 23, 288, 316; desgl. etwa *Stern* (o. Anm. 200), S. 365; *Geck* (o. Anm. 192), S. 138 f.; unklar insoweit noch *BVerfGE* 6, 309, 363.

[202] So Art. 38 Abs. 1 lit. b IGH-Statut (BGBl. 1973, II, S. 505, 521); vertiefend und zur praktischen Bedeutung dieser Vorschrift: *Günther*, Zur Entstehung von Völkergewohnheitsrecht, 1970, S. 58 ff.; *Bernhardt*, Ungeschriebenes Völkerrecht, ZaöRV 1976, 50, 62 ff.; zu den unterschiedlichen quantitativen Anforderungen s.: *BVerfGE* 15, 25, 34 („überwiegende Mehrheit der Staaten"); *BVerfGE* 16, 27, 33 („weitaus größere Zahl der Staaten"), *BVerfGE* 46, 342, 367 („zahlreiche Staaten"); Rspr.-Analyse bei *Geck* (o. Anm. 193), S. 127 ff.

[203] In diesem Sinne: *BVerfGE* 46, 342, 367; *Geck* (o. Anm. 193), S. 131; *R. Geiger*, AöR 103 (1978), S. 382, 395; *Meessen*, Kollisionsrecht als Bestandteil des allgemeinen Völkerrechts: Völkerrechtliches Minimum und kollisionsrechtliches Optimum, in: Festschr. für F. A. Mann, 1977, S. 235; *Menzel / Ipsen* (o. Anm. 192), S. 80; *Bleckmann*, Die Aufgaben einer Methodenlehre des Völkerrechts — Probleme der Rechtsquellenlehre im Völkerrecht, 1978, S. 19.

[204] Zur Praxis des BVerfGs, im Verfahren nach Art. 100 Abs. 2 GG überwiegend negative Rechtssätze des Völkergewohnheitsrechts festzustellen: *Bleckmann*, ZaöRV 1977, 504, 511; *R. Geiger*, AöR 103 (1978), S. 382, 396 ff.; *Geck* (o. Anm. 193), S. 133 ff.

[205] Beides sieht *Bleckmann*, ZaöRV 1977, 504, 521 als Voraussetzungen bindenden Völkergewohnheitsrechts an; nach *Leibholz*, Das Verbot der Willkür

hang genügt es jedoch, mit der im völker- und staatsrechtlichen Schrifttum der Bundesrepublik Deutschland einhelligen Meiung davon auszugehen, daß das völkergewohnheitsrechtliche Fremdenrecht dem Fremden nur einen Mindest- oder Minimumstandard garantiert, d. h. ein bestimmtes Mindestmaß an Rechten, die ihm vom Aufenthaltsstaat einzuräumen sind und von dessen innerstaatlichem Fremdenrecht nicht unterschritten werden dürfen[207]. Das bedeutet zweierlei: Eine Gleichstellung von Fremden mit den eigenen Staatsangehörigen ist dann völkerrechtswidrig, wenn der Status des Fremden damit hinter dem fremdenrechtlichen Mindeststandard zurückbleibt[208]. Die westeuropäische Völkerrechtslehre lehnt damit die in Lateinamerika entwickelte sog. Calvo-Doktrin ab, nach der ein Staat Fremden nur die gleiche Behandlung wie seinen eigenen Staatsangehörigen gewähren muß[209]. Bleibt die Behandlung der eigenen Staatsangehörigen hinter dem völkerrechtlichen Mindeststandard zurück, so muß der Fremde besser als die eigenen Staatsangehörigen behandelt werden[210]. Andererseits fordert der Mindeststandard nicht die rechtliche Gleichstellung der Fremden mit den Staatsangehörigen des Aufenthaltsstaates, wenn dieser seinen Staatsangehörigen eine gegenüber dem fremdenrechtlichen Mindeststandard bessere Behandlung zuteil werden läßt[211]. Das völkergewohnheitsrechtliche Fremdenrecht kann demnach

---

und des Ermessensmißbrauches im völkerrechtlichen Verkehr der Staaten, ZaöRV 1929, 77, 86 soll allein die allgemeine Rechtsüberzeugung völkergewohnheitsrechtsbildend sein, „die erst ein rechtlich relevantes, sinnerfülltes Handeln der Gemeinschaft und damit in der Folge die Bildung eines Gewohnheitsrechts ermöglichen“.

[206] Zur Feststellung gewohnheitsrechtlichen Fremdenrechts insbes. *Schnitzer* (o. Anm. 192), S. 569.

[207] Etwa: *Jaenicke* (o. Anm. 192), S. 286; *ders.* (o. Anm. 138), S. 70 ff.; *Ruppel*, Der Grundrechtsschutz der Ausländer im dt. Verfassungsrecht, Diss. Würzburg, 1968, S. 87 ff.; *Ruidisch* (o. Anm. 144), S. 11; *Zuleeg*, DÖV 1973, 361, 362; *Tomuschat*, Zur politischen Betätigung des Ausländers in der Bundesrepublik Deutschland, 1968, S. 13 ff.; *Doehring* (o. Anm. 192), S. 68 ff.; *Wengler* (o. Anm. 152), S. 1004; *Berber* (o. Anm. 141), S. 407; *Bleckmann* (o. Anm. 192), S. 343; *Stern* (o. Anm. 200), S. 216 f.; *Meessen* (o. Anm. 203), S. 235; *Dahm* (o. Anm. 144), S. 504, *Roth* (o. Anm. 192), S. 81 ff. mit zahl. Nachw. der internat. Lit. S. 88, Anm. 1; *Borchard*, The Diplomatic Protection ... (o. Anm. 192), S. 107; krit. zur Theorie vom Mindeststandard: *Schindler* (o. Anm. 134), S. 38 ff.

[208] Statt vieler: *Dahm* (o. Anm. 144), S. 504.

[209] Zur Entstehung u. Bedeutung der Calvo-Doktrin insbes. *Schindler* (o. Anm. 134), S. 31 ff.; zu den Gründen des Scheiterns dieser Theorie im nordamerikanischen und europäischen Raum: *Jaenicke* (o. Anm. 192), S. 289 f., Anm. 3 ff.

[210] a. A.: *Schindler* (o. Anm. 134), S. 48: widerspricht vorherrschenden Gleichheitsideen.

[211] *BVerfGE* 18, 441, 447 ff.; *BVerwG*, DÖV 1959, 586, 587; *BVerwGE* 22, 66, 69; *BFHE* 88, 61, 63 ff.; *BGH*, MDR 1954, 163, 164; NJW 1956, 1836; *OVG Koblenz*, Verw.Rspr. 1955, 842, 844; *Bad.-Württ. VGH*, DVBl. 1953, 242; *OVG Berlin*, DVBl. 1972, 280, 282; *OVGE Münster* 28, 120, 126; neben den o. Anm. 207 Genannten bes. deutlich: *Kraus*, Staats- und völkerrechtliche Betrachtungen zur Rechtsstellung des Fremden — ein Beitrag zum Gleichheits-

unter Umständen eine gegenüber den Inländern bessere Behandlung der Fremden fordern, was heute freilich — jedenfalls in den westeuropäischen und nordamerikanischen Staaten — wegen des dortigen hohen Standards der Inländerbehandlung praktisch nicht vorkommen wird; aber auch — und das ist in unserem Zusammenhang von Bedeutung — eine schlechtere Behandlung von Fremden im Vergleich zu den eigenen Staatsangehörigen gestatten[212].

Inhaltlich deckt sich der fremdenrechtliche Mindeststandard in etwa mit den allgemeinen Menschenrechten[213], obwohl gerade die Versuche zur Enumeration der den Mindeststandard umfassenden Menschenrechte zeigen[214], daß eine präzise Inhaltsbestimmung kaum möglich[215] und zudem einem ständigen Wandel unterworfen ist, der auch und gerade mit der international verstärkt geführten Diskussion um Geltung und Verwirklichung der Menschenrechte einhergeht[216]. Anerkanntermaßen und im wesentlichen übereinstimmend werden heute zum fremdenrechtlichen Mindeststandard gezählt: Die Rechte auf Leben und körperliche Integretät, die Freiheit der Person und der Religionsausübung, das Recht auf Eigentum sowie gerichtlicher Rechtsschutz[217]. Keinesfalls sind

---

problem, in: Jellinek-Gedächtnisschrift, 1955, S. 91; *Grabitz* (o. Anm. 196); S. 13, 104; *Ipsen*, Gleichheit, in: Die Grundrechte, Bd. II, 1954, S. 111 ff., 134 f.

[212] So schon *Steinbach* (o. Anm. 192), S. 78 f., 133; *Roth* (o. Anm. 192), S. 85 f.

[213] In diesem Sinne etwa *Doehring* (o. Anm. 192), S. 70 ff., 82; vgl. aber *dens.*, Fordert das allgemeine Völkerrecht innerstaatlichen Gerichtsschutz gegen die Exekutive?, in: Gerichtsschutz gegen die Exekutive, Max-Planck-Institut für ausländisches öffentliches Recht und Völkerrecht, hrsg. von Mosler, 1971, Bd. III, S. 227 ff., 240, wo er die allgemeinen Menschenrechte im Vergleich zum Mindeststandard im Fremdenrecht als scheinbar „etwas zurückgeblieben" bezeichnet; ferner: *Bleckmann* (o. Anm. 192), S. 343; *Dahm* (o. Anm. 144), S. 506; *Menzel / Ipsen* (o. Anm. 192), S. 175; *Forch*, Die Freiheitsrechte der ausländischen Arbeitnehmer in Deutschland, Diss. Mainz, 1968, S. 42 ff.; im Ergebnis auch *Schindler* (o. Anm. 134), S. 50 f.; gegen diese Identifizierung wegen der unterschiedlichen Motivation u. Zielrichtung: *Jaenicke* (o. Anm. 192), S. 286 ff.; allgem. zum Verhältnis von Fremden- u. Menschenrechten: *Freeman*, Human Rights and the Right of Aliens, ASIL Proceedings, 1951, 120.

[214] Dazu *Doehring* (o. Anm. 192), S. 80 ff.

[215] Ähnlich *Erdmann* (o. Anm. 134), S. 29; *Grabitz* (o. Anm. 186), S. 13: „Bestimmung vage".

[216] z. B. die Regierung *Carter*, die die Menschenrechte zum Leitgedanken ihrer Außenpolitik gemacht hat, Nachw. bei *Tomuschat*, Der Verfassungsstaat im Geflecht internationaler Beziehungen, VVDStRL, H. 36 ((1978), S. 8 ff., 44, Anm. 170 und die KSZE-Schlußakte vom 1. 8. 1975, Teil 1 a Abschn. VII, abgedr. in: Sicherheit und Zusammenarbeit in Europa, KSZE-Dokumentation, hrsg. vom Presse- und Informationsamt der Bundesregierung, 3. Aufl., 1976, S. 38 f.

[217] So im wesentlichen übereinstimmend u. nur mit Abweichungen in Einzelfragen: *Bleckmann* (o. Anm. 192), S. 343 f.; *Berber* (o. Anm. 141), S. 408; *Dahm* (o. Anm. 144), S. 506 f.; *Ipsen* (o. Anm. 211), S. 135; *Ruidisch* (o. Anm. 144), S. 12; *Forch* (o. Anm. 213), S. 47; *Ruppel* (o. Anm. 207), S. 92 ff.; *Geck* (o. Anm. 144), ZaöRV 1978, 182, 196 f. Enger: *Tomuschat* (o. Anm. 207), S. 21: „Gewährleistungen fundamentaler Bedürfnisse menschlicher Existenz"; *Grabitz* (o. Anm. 196),

dem Fremden alle Freiheitsrechte und alle den Status eines Aktivbürgers umfassenden Rechte gewährleistet[218] und die vom GG den Deutschen vorbehaltenen Rechte nicht schon deshalb völkerrechtswidrig[219].

aa) Das „Recht auf die eigene Sprache"

Das „Recht auf die eigene Sprache", vereinzelt als Menschenrecht proklamiert[220], teilweise sogar zum Naturrecht erhöht[221], wird in so bedeutenden internationalen Menschenrechtsabkommen und -erklärungen, wie der Charta der Vereinten Nationen vom 24. 10. 1945, der Allgemeinen Erklärung der Menschenrechte vom 10. 12. 1948, dem Internationalen Pakt über bürgerliche und politische Rechte vom 19. 12. 1966 und der Europäischen Konvention zum Schutze der Menschrechte und Grundfreiheiten vom 4. 11. 1950, als Schutzgut nicht ausdrücklich genannt. Vielmehr gewähren sie lediglich bestimmte Menschenrechte und Grundfreiheiten „ohne Unterschied der Sprache"[222]. Die Gründe für die Ausklammerung des „Rechts auf die eigene Sprache" als Schutzgut können hier auf sich beruhen[223]. Festzuhalten bleibt aber, daß diese Menschenrechtsabkommen und -erklärungen, wie auch das GG in Art. 3 Abs. 3, das Sprachenrecht nur als ein Problem des Gleichheitssatzes, als Verbot der Benachteiligung „wegen der Sprache" bei der Gewährleistung von Menschenrechten und Grundfreiheiten ansehen.

Freilich wird einer Menschen- oder Naturrechtsqualität des „Rechts auf die eigene Sprache" diese Reduzierung auf ein Benachteiligungsverbot „wegen der Sprache" nicht gerecht, geht es doch hierbei um ein echtes Freiheitsrecht, und zwar zum einen um die Freiheit des Sprachgebrauchs[224]. Wird einem Menschen verwehrt, seine Gedanken und Empfindungen in der ihm vertrauten Muttersprache zu äußern, so wird er in der freien Entfaltung seiner Persönlichkeit beeinträchtigt und in sei-

---

S. 13 f.: Kaum mehr „als die Anerkennung der Rechtspersönlichkeit des Ausländers und der Erwerb und die Ausübung der für die leiblich-seelische Natur des Menschen unentbehrlichen Rechte".

[218] Dazu insbes. *Tomuschat* (o. Anm. 207), S. 56 ff.

[219] *BVerwGE* 56, 254, 261; *OVG Koblenz*, Verw.Rspr. 1955, 842, 843 f.

[220] s. Art. 3 der Résolution votée par l'Institut de Droit International, Declaration des droit internationaux de l'Homme, Annuaire de l'Institut, 1929, Bd. II, S. 298 ff.

[221] *Weisgerber*, Sprachenrecht und europäische Einheit, Arbeitsgemeinschaft für Forschung des Landes Nordrhein-Westfalen, H. 85, 1959, S. 50 ff.; *Tinnefeld*, Der Schutz der Sprache als verfassungsrechtliche Aufgabe u. die Form ihrer Verwirklichung in Art. 3 Abs. 3 GG, Diss. Köln, 1967, S. 8 ff.

[222] Art. 1 Abs. 3 der UN-Charta; Art. 2 Abs. 1 des Internationalen Paktes über bürgerliche und politische Rechte, Art. 14 EMRK.

[223] Dazu eingehend *Weisgerber* (o. Anm. 221), S. 58 ff.

[224] Kritisch insoweit auch *Weisgerber* (o. Anm. 221), S. 48; mit gleicher Tendenz *Dürig* in: Maunz / Dürig / Herzog / Scholz (o. Anm. 186), Art. 3 Abs. 3 GG, Rn. 69 ff.

ner Menschenwürde angetastet[225]. Zum anderen gewährleistet das „Recht auf die eigene Sprache" —— und hierin liegt erhebliche Bedeutung — die Freiheit des Spracherwerbs. Der Erwerb der Muttersprache ist unabdingbar für die Teilhabe eines Menschen an den geistigen und kulturellen Werten seiner Sprachgemeinschaft, in die er hineingeboren wird[226]. Nicht nur bloßes Kommunikationsmittel, sondern zugleich Ausdruck der Zugehörigkeit eines Menschen zu einem bestimmten Kulturkreis[227], wird die Muttersprache zum entscheidenden Faktor für jede Gemeinschaftsbildung[228] und für die geistig-kulturelle Entfaltung eines Menschen. Sie prägt wesentlich sein Persönlichkeitsbild, verschafft ihm den Zugang zu den geistigen Werten seiner Sprachgemeinschaft und ist dadurch „Quelle unerschöpflicher Bereicherung"[229].

So gesehen, ist das „Recht auf die eigene Sprache" Ausfluß des Rechts auf die freie Entfaltung der Persönlichkeit und als solches vom fremdenrechtlichen Mindeststandard garantiert. Die Anerkennung des Fremden als Rechtspersönlichkeit macht ja den Kern des völkergewohnheitsrechtlichen Fremdenstatus aus, teilweise wird er sogar darauf reduziert[230]. Aufgrund seine historischen Ursprungs ist die Zielrichtung des „Rechts auf die eigene Sprache" zwar nicht der Schutz von Fremden, sondern der Schutz nationaler Sprachminderheiten, also von Staatsangehörigen des Aufenthaltsstaates, denen die Bewahrung und Pflege ihrer Sprache garantiert ist — ein Problem, das in der Bundesrepublik freilich nur noch sehr geringe Bedeutung hat[231]. Jedoch hat dieses Recht seine heutige Bedeutung durch die erhebliche Zahl fremdsprachiger Gastarbeiter, Studenten, Praktikanten u. a. m. erhalten, die, ohne deutsche Staatsangehörige zu sein, in der Bundesrepublik auf Dauer oder auf Zeit leben. Die

---

[225] So mit Recht *Tinnefeld* (o. Anm. 221), S. 15.

[226] Dazu besonders *Weisgerber* (o. Anm. 221), S. 14 ff.; *ders.*, Die Ordnung der Sprache im persönlichen und öffentlichen Leben, Arbeitsgemeinschaft für Forschung des Landes Nordrhein-Westfalen, H. 29, 1954, S. 8 ff.; *Tinnefeld* (o. Anm. 221), S. 3 f.; s. auch *Forsthoff*, Recht und Sprache — Prolegomena zu einer richterlichen Hermeneutik, Schriften der Königsberger Gelehrtengesellschaft, H. 1, 1940/41, Neudruck 1971, S. 2 ff.

[227] Nicht gemeint ist hier also Sprache als Ausdruck von Bildungsstandard oder Schichtenzugehörigkeit, dazu: *Dürig* in: Maunz / Dürig / Herzog / Scholz (o. Anm. 186), Art. 3 Abs. 3 GG, Rn. 74.

[228] s. *Tinnefeld* (o. Anm. 221), S. 4.

[229] *Weisgerber* (o. Anm. 226), S. 14.

[230] So von *Grabitz* (o. Anm. 217) a. E.

[231] In Art. 113 WRV noch mit Grundrechtsqualität (vgl. *Gerber*, Minderheitenrecht im Deutschen Reich, 1929, S. 41 ff.) anerkannt, bestand für das GG keine praktische Notwendigkeit mehr, einen Minderheitenschutzartikel aufzunehmen. Für die dänischsprachige Minderheit in Schleswig enthält Art. 5 Satz 1 SH LS die Garantie eines „freien Bekenntnisses" zu einer nationalen Minderheit; zur Lage fremdsprachiger Minderheiten in der Bundesrepublik besonders *Tinnefeld* (o. Anm. 221), S. 38 f., 75 ff.; *Weisgerber* (o. Anm. 221), S. 67 f.

Bedeutung des Rechts auf die eigene Sprache hat sich — jedenfalls in der Bundesrepublik Deutschland — vom Minderheiten- zum Fremdenschutz gewandelt. Für diese Gruppen sind die Freiheit des Gebrauchs ihrer Muttersprache im Aufenthaltsstaat und die Freiheit des Erwerbs ihrer Muttersprache, man denke besonders an in der Bundesrepublik geborene Gastarbeiterkinder, von mindestens gleicher Bedeutung wie für Angehörige nationaler Sprachminderheiten[232]. Die Schutzwürdigkeit und Schutzbedürftigkeit dieser Gruppen in ihrem „Recht auf die eigene Sprache" bedeutet freilich nicht ohne weiteres, daß dieses Recht für sie in gleichem Umfange sozialstaatliche Positionen, beispielsweise auf Einrichtung und Unterhaltung fremdsprachiger Schulen, Kultureinrichtungen u. a. m., gewährt wie für fremdsprachige Staatsangehörige. Für fremdsprachige Gruppen von Nicht-Deutschen Staatsangehörigen ist das „Recht auf die eigene Sprache" ein Abwehrrecht gegen eine staatliche „Zwangsgermanisierung", d. h. gegen staatliche Maßnahmen, die diese Gruppen in der Pflege ihrer Muttersprache derart beeinträchtigen, daß sie allmählich ihrer Muttersprache entwöhnt und damit letztlich ihre geistig-kulturellen Beziehungen zu ihrer Heimat zerstört werden[233]. Für sie gilt es, die sprachliche Entfremdung zu ihrem Heimatstaat ebenso zu verhindern wie die sprachliche Isolierung im Aufenthaltsstaat, die immer zugleich eine gesellschaftliche Isolierung ist[234].

Zählt somit die Freiheit des Fremden zum Gebrauch seiner Muttersprache zum fremdenrechtlichen Mindeststandard, so bedeutet dies zunächst nur, daß die Staatsorgane des Aufenthaltsstaates im Verkehr mit ihm dessen fremde Sprache als wesentlichen Bestandteil seiner Persönlichkeit zu akzeptieren und respektieren haben[235]. Es bedarf daher kein Zwang zur Benutzung einer anderen als der Muttersprache ausgeübt werden. Das Recht des Fremden zum Gebrauch seiner Muttersprache ist aber — wie jedes Freiheitsrecht — nicht schrankenlos und der Fremde ist keineswegs, wie *Weisgerber* meint, „tatsächlich geschädigt", wenn er „in wichtigen Anliegen des Behördenverkehrs nicht aus der Fülle der Verfügbarkeit von Muttersprache, sondern aus dem Behelf von Übersetzung, Dolmetschen ... seine Sache vertreten muß"[236]. Er läßt unberücksichtigt, daß dem schutzbedürftigen Recht des Fremden das schutzwürdige öffentliche Interesse des Aufenthaltsstaates an einer funktions-

---

[232] Desgl. *Tinnefeld* (o. Anm. 221), S. 28.

[233] Nur hingewiesen werden kann hier auf die ungeklärte fremden- und verfassungsrechtliche Bewertung etwa der Schulpflicht für fremdsprachige Gastarbeiterkinder in deutschsprachigen Schulen, angedeutet bei *Dürig* in: Maunz / Dürig / Herzog / Scholz (o. Anm. 186), Art. 3 Abs. 3 GG, Rn. 73.

[234] Zu diesem Spannungsverhältnis bes. *Tinnefeld* (o. Anm. 221), S. 66.

[235] Desgl. *Dürig* in: Maunz / Dürig / Herzog / Scholz (o. Anm. 186), Art. 3 Abs. 3 GG, Rn. 69 in bezug auf Art. 3 Abs. 3 GG.

[236] *Weisgerber* (o. Anm. 221), S. 25.

fähigen und effektiven Verwaltungstätigkeit gegenübersteht und daß zwischen beiden nur im Wege „praktischer Konkordanz“[237] ein angemessener Ausgleich zu schaffen ist. Dieser Ausgleich kann vernünftigerweise nicht durch eine Regelung „Amtssprache ist die Muttersprache des Betroffenen“, sondern nur mit Hilfe von schriftlichen Übersetzungen und Dolmetschers folgen, ohne daß er dadurch in seiner Rechtsverteidigung ter „mit vollem muttersprachlichem Zugang“[238] dem Gang der Hauptverhandlung nicht unmittelbar, sondern nur durch Vermittlung eines Dolmetschers folgen, ohne daß er dadurch in seiner Rechtsverteidigung beeinträchtigt ist. Die innerstaatlichen Vorschriften über die Gerichts- und Amtssprache stellen damit zugleich die einfachgesetzliche Konkretisierung der dem Menschen- und Fremdenrecht auf Gebrauch der Muttersprache immanenten Schranken dar.

Schranken-Schranke ist das fremdenrechtliche Diskriminierungs-, Diffamierungs- oder Willkürverbot, durch das jede Kompetenz des nationalen Gesetzgebers zur Normierung innerstaatlichen Fremdenrechts begrenzt wird[239]. Bis an diese Grenze ist er also völkerrechtlich frei, den Fremden im Gebrauch seiner Muttersprache gegenüber Gerichten und Verwaltungsbehörden durch Vorschriften über die Gerichts- und Amtssprache zu beschränken. Das fremdenrechtliche Willkürverbot und damit der fremdenrechtliche Mindeststandard sind erst dann verletzt, wenn die Regelung „vom Standpunkt vernünftiger, gerechter Betrachtung schlechterdings nicht vertretbar ist, sie aus dem Rahmen des üblichen und in der Kulturwelt anerkannten gänzlich herausfällt“[240]. Gewährleistet der fremdenrechtliche Mindeststandard ohnehin nur die „fundamentalen Bedürfnisse menschlicher Existenz“[241], so scheint es nur folgerichtig, willkürliche Behandlung von Fremden nicht schon bei Fehlen eines sich aus der Natur der Sache ergebenden oder sonstwie einleuchtenden Grundes anzunehmen, sondern nur eine gesteigerte, den Gerechtigkeitsvorstellungen der Gemeinschaft zivilisierter Völker schlechterdings zuwiderlaufende Behandlung als fremdenrechtswidrig anzusehen. Der fremdenrechtliche Mindeststandard ist also unvergleichbar

---

[237] *Hesse,* Grundzüge des Verfassungsrechts der Bundesrepublik Deutschland, 11. Aufl. 1978, S. 28 f. m. w. N.

[238] So die Formulierung von *Weisgerber* (o. Anm. 221), S. 27, der selbst (S. 93), wenn auch m. E. in zu engen Grenzen, die Notwendigkeit einer Reglementierung der Sprache im amtlichen Verkehr anerkennt.

[239] Zum fremdenrechtlichen Willkürverbot insbes.: *Steinbach* (o. Anm. 192), S. 70, 81, 134; *Leibholz* (o. Anm. 205), ZaöRV 1929, S. 77 ff., 94 ff., für den es „grundsätzliche Bedeutung“ hat; aus jüngerer Zeit etwa *Kipp,* Das Verbot der Diskriminierung im modernen Friedensvölkerrecht, AVR 1961, S. 137 ff.; *Dahm* (o. Anm. 144), S. 505; zur Ableitung aus dem Rechtsinstitut des Rechtsmißbrauches und dessen völkergewohnheitsrechtlicher Geltung neuerdings: *Bleckmann* (o. Anm. 203), S. 58 ff.

[240] So *Dahm* (o. Anm. 144), S. 505.

[241] *Tomuschat* (o. Anm. 207), S. 21.

mit dem Status von Angehörigen eines Staates, dem gegenüber sich die Bundesrepublik völkervertraglich zur Inländergleichbehandlung verpflichtet hat. Dieser Status bedeutet die Gleichstellung mit Inländern „auf höherem Niveau“ als sie der fremdenrechtliche Mindeststandard enthält[242].

Da der Grundsatz „die Gerichts- und Amtssprache ist deutsch“ nicht ausschließt, daß sich deutschunkundige Fremde gegenüber deutschen Gerichten und Verwaltungsbehörden mündlich in ihrer Muttersprache äußern, beschränkt das innerstaatliche Recht insoweit den Fremden gar nicht in seinem „Recht auf Gebrauch der eigenen Sprache“. Der Gebrauch fremder Sprachen wird akzeptiert und respektiert; die erforderliche Verständigung durch einen Dolmetscher bewirkt. Nur wenn fremdsprachige mündliche Äußerungen unzulässig wären — also: wer nicht deutsch spricht, darf überhaupt nichts sagen — wäre dieses Recht verletzt. Fremdenrecht ist Abwehrrecht gegen willkürliche Behandlung durch die Staatsorgane des Aufenthaltsstaates, so daß das zum Mindeststandard zählende „Recht auf die eigene Sprache“ keinen Anspruch gewährt, daß sich Gerichte und Behörden gegenüber Fremden in deren Muttersprache äußern. Daher ist es unbedenklich, wenn nach innerstaatlichem Recht schriftliche Äußerungen deutscher Gerichte und Behörden regelmäßig nicht in fremder Sprache erfolgen müssen, ihnen auch keine Übersetzung beigefügt werden muß und es dem Fremden überlassen ist, für eine Übersetzung zu sorgen. Richten deutsche Gerichte oder Behörden Schriftstücke an Fremde, so werden sie nicht deshalb in ihrem „Recht auf die eigene Sprache“ als Ausfluß ihres Persönlichkeitsrechts und Bestandteil des fremdenrechtlichen Mindeststandards verletzt, weil das Schriftstück in deutscher Sprache abgefaßt ist. Er bedeutet keine Mißachtung der Persönlichkeit, wenn ein Ausländer nicht in seiner Muttersprache angesprochen oder angeschrieben wird. Diese Bewertung des innerstaatlichen Rechts gilt unabhängig davon, ob es sich um schlichte schriftliche Erklärungen handelt oder um schriftliche Entscheidungen, an deren Bekanntgabe sich der Lauf einer Frist knüpft. Eine solche Unterscheidung ist im Zusammenhang mit dem „Recht auf die eigene Sprache“ unerheblich, kann vielmehr nur Bedeutung unter dem Aspekt des Rechtsschutzes für Fremde haben.

Aufgrund des „Rechts auf die eigene Sprache“ unhaltbar ist die Ansicht, die Vorlage fremdsprachiger Schriftstücke im Gerichtsverfahren sei unbeachtlich[243]. Eine derartige Einschränkung des Rechts auf Gebrauch der Muttersprache im Umgang mit deutschen Gerichten ist „vom Standpunkt vernünftiger, gerechter Betrachtung schlechterdings unvertretbar“. Sie wird nicht gedeckt vom Erfordernis zweckmäßiger Gestal-

[242] *Dahm* (o. Anm. 144), S. 506.

[243] Nachw. oben Anm. 23.

tung des Gerichtsverfahrens und dem Grundsatz einer funktionsfähigen Gerichtsbarkeit. Was in den Verwaltungsverfahren mit teilweise Massenvorgängen möglich ist — eine Verpflichtung der Behörden, bei nicht hinreichenden eigenen Fremdsprachenkenntnissen die Vorlage einer Übersetzung des fremdsprachigen Schriftstücks anzufordern anstatt es unbeachtet zu lassen — muß im Gerichtsverfahren mit seiner primären Individualrechtsschutzfunktion erst recht möglich sein. Die Ansicht von der Unbeachtlichkeit fremdsprachiger Schriftstücke im Gerichtsverfahren bedeutet eine schlicht willkürliche, weil sachlich durch nichts gerechtfertigte Beschränkung Fremder im Gebrauch ihrer Muttersprache. In der mündlichen Verhandlung darf der Fremde ja auch seine Muttersprache gebrauchen. Weshalb der Gebrauch der Muttersprache bei schriftlichen Äußerungen des Fremden ausgeschlossen sein soll und fremdsprachige schriftliche Äußerungen mit der schwersten aller Sanktionen, der Nichtigkeit, belegt werden sollen, ist unerklärlich. Was bei mündlichen Äußerungen eine Selbstverständlichkeit ist — das Recht des Fremden zum Gebrauch seiner Muttersprache —, muß es auch bei schriftlichen Äußerungen sein. Aufgrund des „Rechts auf Gebrauch der eigenen Sprache" haltbar ist somit nur eine Auslegung von § 184 GVG, die den Gebrauch einer Fremdsprache in Schriftstücken nicht generell ausschließt, sondern beschränkt nach den Erfordernissen einer funktionsfähigen Gerichtsbarkeit unter Beachtung des fremdenrechtlichen Willkürverbots. Fremdenrechtskonform ist eine Auslegung und Anwendung von § 184 GVG, die sich an den im Verwaltungsverfahren geltenden Regelungen orientiert: Aufforderung zur Vorlage einer Übersetzung in angemessener Frist und erst nach fruchtlosem Ablauf der Frist Unbeachtlichkeit der fremdsprachigen Äußerung.

Das Recht auf Gebrauch der Muttersprache im Aufenthaltsstaat enthält keine sozialstaatliche Komponente[244] und somit keine Verpflichtung des Aufenthaltsstaates zur Übernahme der Kosten, die der Gebrauch der Muttersprache im Umgang mit seinen Staatsorganen dem Fremden verursacht.

bb) Gewährung von Rechtsschutz

Allgemein anerkannt ist, daß der fremdenrechtliche Mindeststandard dem Fremden gerichtlichen Rechtsschutz in seinem Aufenthaltsstaat garantiert. Wie beim fremdenrechtlichen Mindeststandard allgemein, so ist auch bei der fremdenrechtlichen Rechtsschutzgarantie ihr genauer Inhalt und Umfang mit letzter Klarheit nicht zu bestimmen[245]. Zunächst

---

[244] Ähnlich *Tinnefeld* (o. Anm. 221), S. 28.

[245] Etwa: *Roth* (o. Anm. 192), S. 179; *Doehring* (o. Anm. 192), S. 81; *ders.* (o. Anm. 213), S. 232, 236, 245 f.; *Jaenicke* (o. Anm. 192), S. 286 ff.; *Erdmann* (o. Anm. 134), S. 30; *Wengler* (o. Anm. 152), S. 1014; *Dahm* (o. Anm. 144), S. 509 f.; *Menzel / Ipsen* (o. Anm. 192), S. 177; *Seidl-Hohenveldern* (o. Anm.

wird Rechtsschutz im Fremdenrecht nur als gerichtlicher Rechtsschutz anerkannt; und zwar ursprünglich als Recht des Fremden auf ein den international anerkannten Mindestanforderungen entsprechendes Strafverfahren sowie als Garantie des Zugangs zu den Zivilgerichten zum Schutze seiner anerkannten und wohl erworbenen privaten Rechte[246], erst später auch als Garantie eines kompensatorischen oder kassatorischen repressiven gerichtlichen Rechtsschutzes gegen Hoheitsakte des Aufenthaltsstaates nach Maßgabe der dem Fremden eingeräumten subjektiven öffentlichen Rechte[247]. Hingegen finden sich im völkerrechtlichen Schrifttum der Bundesrepublik nur selten Stimmen, die dem fremdenrechtlichen Mindeststandard auch ein Minimum an verwaltungsbehördlichem Rechtsschutz in Form eines mit bestimmten Verfahrensgarantien ausgestatteten Verwaltungsverfahrens zurechnen wollen[248]. Dies nimmt allerdings nicht wunder, wenn man bedenkt, daß die präventive Rechtsschutzfunktion eines Verwaltungsverfahrens in der Bundesrepublik[249] erst viel später entdeckt wurde als der repressive gerichtliche Rechtsschutz und daher auch fremdenrechtlich bis heute unbeachtet geblieben ist. Rechnet man zum fremdenrechtlichen Mindeststandard so elementare Menschenrechte wie das allgemeine Persönlichkeitsrecht, die Rechte auf Leben und körperliche Unversehrtheit, Freiheit der Person, freie Religionsausübung und Eigentum[250], so ist es nur folgerichtig, zu ihrem Schutz und ihrer Durchsetzung dem Fremden kraft Völkergewohnheitsrechts den Zugang zu den Rechtsschutzorganen des Aufenthaltsstaates zu eröffnen[251]. So gesehen kann diese Rechtsschutzgarantie auch nicht davon abhängen, ob die vom fremdenrechtlichen Mindeststandard eingeräumte materielle Rechtsposition durch Privatrechtssubjekte oder Hoheitsträger des Aufenthaltsstaates verletzt wird, so daß frem-

---

194), Rn. 1198; *Ipsen* (o. Anm. 211), S. 135; *Ruidisch* (o. Anm. 144), S. 12; *Forch* (o. Anm. 213), S. 51; *Ruppel* (o. Anm. 207), S. 106 f.; für Inländerbehandlung: *Jaenicke* (o. Anm. 138), S. 73 ff.; *Geck* (o. Anm. 144), ZaöRV 1978, 182, 197; *Schindler* (o. Anm. 134), S. 54 ff.; Inländerbehandlung nur hinsichtlich der Durchsetzung bürgerlich-rechtlicher Ansprüche im Zivilprozeß: *Kipp* (o. Anm. 239), AVR 1961, 137 ff., 156.

[246] Vertiefend *Riezler*, Internationales Zivilprozeßrecht und prozessuales Fremdenrecht, 1949, insbes. S. 70, 216 f., 413 ff.; a. A. nur *Dütz* (o. Anm. 186), S. 66 f.

[247] *Doehring* (o. Anm. 213), S. 232 f.

[248] Wohl nur *Schindler* (o. Anm. 134), S. 61, wobei die dort Anm. 30 Genannten aber überwiegend das Gerichtsverfahren meinen.

[249] Etwas anderes gilt z. B. in Österreich, wo die Rechtsschutzfunktion des Verwaltungsverfahrens früher erkannt wurde u. zu einer stärkeren Prozessualisierung des Verfahrens im öAVG von 1929 geführt hat, Einzelheiten bei *Lässig* in: Finkelnburg / Lässig (o. Anm. 7), Einl., Rn. 68 ff. m. w. N.

[250] s. oben Anm. 217.

[251] In diesem Sinne etwa: *Doehring* (o. Anm. 213), S. 236 f.; *Jaenicke* (o. Anm. 138), S. 74 f.; *Schindler* (o. Anm. 134), S. 57; *Nagel* (o. Anm. 166), ZZP 1962, 408, 422 ff.; *Ruppel* (o. Anm. 207), S. 106.

denrechtlich sowohl zivilgerichtlicher Rechtsschutz zum Schutze oder zur Durchsetzung privater Rechte als auch verfassungs- oder verwaltungsgerichtlicher Rechtsschutz zum Schutze oder zur Durchsetzung subjektiver öffentlicher Rechte dem Fremden zu gewähren ist[252].

Inhaltlich wird die fremdenrechtliche Rechtsschutzgarantie gemeinhin als Verbot einer rechtlichen oder faktischen Rechtsverweigerung (denial of procedural justice) verstanden, deren Schwergewicht in der institutionellen und organisatorischen Ausgestaltung des gerichtlichen Verfahrens liegt[253]. Dem Fremden garantiert sind danach insbesondere der Rechtsweg gegen Freiheitsentziehungen, die Unabhängigkeit und Unparteilichkeit des Gerichts sowie ein dem internationalen Standard entsprechendes „faires Verfahren“, vornehmlich die Gewährung ausreichenden rechtlichen Gehörs[254] und eine angemessene Verteidigung im Strafprozeß. Jedoch muß dem Fremden kraft Völkergewohnheitsrechts kein dem Inländer in jeder Hinsicht gleicher Rechtsschutz gewährt werden, sondern lediglich ein gleichwertiger[255]. So werden bestimmte Differenzierungen zwischen In- und Ausländern im Prozeßrecht, wie insbesondere die Gegenseitigkeitsverbürgung als Voraussetzung für die Gewährung von Armenrecht an Ausländer[256] und den Wegfall der Pflicht zur Sicherheitsleistung für die Prozeßkosten völkerrechtlich überwiegend anerkannt[257]. Ebenso soll völkerrechtlich unbedenklich kompensatorischer Rechtsschutz in Form eines Amtshaftungsanspruchs bei rechts-

---

[252] *Jaenicke* (o. Anm. 138), S. 79.

[253] Eingehend *Jaenicke* (o. Anm. 192), S. 304 ff., 307 m. Nachw. internat. Definitionen des „denial of justice“; *ders.* (o. Anm. 138), S. 76 ff.; in gleichem Sinne etwa: *Dahm* (o. Anm. 144), S. 510; *Wengler* (o. Anm. 152), S. 1014; *Doehring* (o. Anm. 213), S. 240 ff.

[254] Zum rechtlichen Gehör insbes. *Roth* (o. Anm. 192), S. 83 f. u. Hinw. auf internat. Quellen; enger: *Doehring* (o. Anm. 213), S. 243: ungeklärt, wie weit der Anspruch geht; zu den übrigen prozessualen Garantien s. statt vieler: *Jaenicke*, a.a.O.

[255] *Dahm* (o. Anm. 144), S. 509; mit gleicher Tendenz *Jaenicke* (o. Anm. 192), S. 295: nur Diskriminierung im Verfahren völkerrechtswidrig; *Schindler* (o. Anm. 134), S. 62; *Nagel* (o. Anm. 166), ZZP 1962, 408, 429; vgl. auch *BayVerfGH*, DÖV 1961, 263 f. zu Art. 120 BayVerf., keine Verfassungsbeschwerde für einen im Ausland wohnenden Ausländer.

[256] Sinn und Zweck sind politische Überlegungen, um für die eigenen Staatsangehörigen in anderen Staaten eine gleiche Behandlung zu erwirken: *Nagel* in: Festschr. für Laun, 1962, S. 338 ff., 344; krit. *Gottwald*, Armenrecht in Westeuropa und die Reform des deutschen Rechts, ZZP 1976, 136 ff., 143: sachwidrig; *Berkemann*, Armenrecht für ausländische Staatsangehörige bei fehlender Gegenseitigkeit (§ 114 Abs. 2 Satz 1 ZPO), JZ 1979, 545, 547: gehört dem Problemlösungsarsenal der diplomatischen Kunst des ausgehenden 19. Jahrhunderts an; *Nagel* (o. Anm. 166), S. 351 ff.

[257] Etwa *Jaenicke* (o. Anm. 192), S. 308; *Riezler* (o. Anm. 246), S. 428 ff.; *Ruppel* (o. Anm. 207), S. 107; *Schindler* (o. Anm. 134), S. 62; *Kipp* (o. Anm. 239), AVR 1961, 137, 156; rechtsvergleichend: *Danelzik*, Sicherheitsleistung für die Prozeßkosten — Eine rechtsvergleichende und rechtspolitische Betrachtung, Diss. Bonn, 1976.

widrigem hoheitlichen Handeln für Fremde von der Gegenseitigkeitsverbürgung abhängig gemacht werden können[258]. Die völkergewohnheitsrechtliche Rechtsschutzgarantie kann nach Inhalt und Umfang keinesfalls weiter reichen als die völkervertragliche Inländerbehandlung im Gerichtsverfahren, weil im Zweifel die vertragliche Inländerbehandlung ein höheres Niveau der Behandlung von Ausländern garantieren soll als der fremdenrechtliche Mindeststandard[259]. Fordert vertragliche Inländerbehandlung im gerichtlichen Verfahren einen für Ausländer im Vergleich zu Inländern qualitativ gleichwertigen Rechtsschutz, so garantiert das Völkergewohnheitsrecht *höchstens* gleichwertigen Rechtsschutz für Fremde. Ich meine daher, daß der fremdenrechtliche Mindeststandard im Gegensatz zur vertraglichen Inländerbehandlung Sonderrecht für Fremde auch dort gestattet, wo Regelungsgegenstand keine tatsächliche Ungleichheit zwischen Aus- und Inländern ist[260]. Sind Inhalt und Umfang des Rechtsschutzes bei vertraglicher Inländerbehandlung durch einen wertenden Vergleich mit dem Rechtsschutz für Inländer zu ermitteln, so müssen Inhalt und Umfang der fremdenrechtlichen Rechtsschutzgarantie von ihrer dienenden Funktion her bestimmt werden, nämlich Schutz und Durchsetzung der den Mindeststandard umfassenden materiellen Rechtspositionen des Fremden zu gewährleisten. Deshalb sind innerstaatliche Vorschriften über den Zugang zum Gericht und den Ablauf des gerichtlichen Verfahrens völkergewohnheitsrechtlich zulässig — und zwar unabhängig davon, ob sie auch für Inländer gelten —, wenn und soweit sie die Schutzfunktion des Rechtsschutzes nicht berühren, also den Rechtsschutz als solchen nicht in Frage stellen und seine Effektivität nicht beeinträchtigen. Die Parallele zur grundgesetzlichen Rechtsweggarantie des Art. 19 Abs. 4 ist offenkundig, denn auch sie läßt zumutbare, aus Sachgründen gerechtfertigte und die Effektivität des Rechtsschutzes nicht berührende Erschwerungen zu[261]. Die Übernahme dieser innerstaatlichen Elemente des Rechtsstaatsprinzips in das völkergewohnheitsrechtliche Fremdenrecht zu dessen Lückenausfüllung ist

[258] *BGHZ* 13, 241 ff.; *BGH*, NJW 1956, 1836 (zu § 7 RBHaftG); *BVerfGE* 30, 409, 413 f. (zu § 12 UHaftEntschG); w. Nachw. über Bedingungen verbürgter Gegenseitigkeit im deutschen Recht bei *Isensee*, Die staatsrechtliche Stellung der Ausländer in der Bundesrepublik, VVDStRL, H. 32 (1974), S. 49 ff., 78 Anm. 70.

[259] Nachw. oben Anm. 144.

[260] Wohl auch *Nagel* (o. Anm. 166), ZZP 1962, 408, 429.

[261] *BVerfGE* 9, 194, 199 f.; 10, 262, 267 ff.; 11, 232, 233; 27, 297, 310; 32, 305, 309; 37, 93, 96; 40, 272, 275; 41, 23, 26; 41, 323, 334 f.; 42, 128, 130; 44, 302, 305; 49, 329, 341; *BVerfG*, NJW 1979, 1345, 1346; aus dem Schrifttum insbes.: *Bettermann*, Die Rechtsweggarantie des Art. 19 Abs. 4 GG in der Rechtsprechung des Bundesverfassungsgerichts, AöR 96 (1971), S. 528, 554 f.; *Dütz* (o. Anm. 186), S. 168 ff.; *Bauer*, Gerichtsschutz als Verfassungsgarantie — Zur Auslegung des Art. 19 Abs. 4 GG, 1973, S. 78 ff.; *Lorenz*, Der Rechtsschutz des Bürgers und die Rechtsweggarantie, 1973, S. 257 ff.; *Buermeyer*, Rechtsschutzgarantie und Gerichtsverfahrensrecht, 1975, S. 103 ff.

durchaus zulässig, wie sich ja auch in anderen Bereichen die Völkerrechtsordnung in Richtung auf die Strukturen des innerstaatlichen öffentlichen Rechts verändert[262].

Den fremdenrechtlichen Anspruch auf rechtliches Gehör vor Gericht als Bestandteil des Mindeststandards verwirklicht das innerstaatliche Recht in § 185 GVG, indem es in mündlichen Verhandlungen mit deutschunkundigen Fremden zwingend die Zuziehung eines Dolmetschers vorschreibt, wenn und soweit die Verhandlung deutschsprachig geführt wird.

Der fremdenrechtlichen Rechtsschutzgarantie entspricht ferner § 184 GVG insoweit, als danach gerichtliche Entscheidungen einschließlich ihrer Rechtsmittelbelehrung deutschsprachig abzufassen sind und kein Anspruch auf Beifügung einer Übersetzung besteht. Eine solche Regelung ist sachlich gerechtfertigt, weil ein Anspruch auf Beifügung einer Übersetzung erhebliche zusätzliche Arbeitsbelastung bedeuten würde und die Funktionsfähigkeit der Gerichtsbarkeit beeinträchtigen könnte. Die Rechtsschutzerschwerung, die dadurch für Fremde eintritt, ist verhältnismäßig gering, durchaus zumutbar und berührt dann nicht die Effektivität des Rechtsschutzes, wenn die deutschen Gerichte bei Versäumung von Rechtsmittelfristen infolge Unkenntnis der deutschen Gerichtssprache das Institut der Wiedereinsetzung in den vorigen Stand fremdenrechtskonform anwenden. Sie haben also zu berücksichtigen, daß Fremden zum Schutz und zur Durchsetzung ihrer materiellen Rechte des Mindeststandards ein angemessener und effektiver Rechtsschutz zu gewähren ist. Fristversäumung allein infolge der Unkenntnis der deutschen Sprache muß daher grundsätzlich zur Wiedereinsetzung führen; es sei denn, der Fremde hat zumutbare Anstrengungen unterlassen, um sich über den Inhalt der Entscheidung und die Rechtsmittelbelehrung innerhalb der Anfechtungsfrist Kenntnis zu verschaffen — die Fristversäumung also nicht allein auf Unkenntnis der deutschen Sprache, sondern zusätzlich auf einer vorwerfbaren Sorglosig- und Nachlässigkeit beruht. Weisen die fremdenrechtliche Rechtsschutz- und die innerstaatliche Rechtsweggarantie Gemeinsamkeiten hinsichtlich der Grenzen zulässiger Rechtsschutzerschwerungen auf, so kann auch die an Art. 19 Abs. 4 GG orientierte Anwendung der Wiedereinsetzungsvorschriften bei Fristversäumung infolge Deutschunkenntnis entsprechend den vom *Bundesverfassungsgericht* entwickelten Grundsätzen[263] zur Ergänzung des Fremdenrechts herangezogen werden.

Auch der fremdenrechtlichen Rechtsschutzgarantie widerspricht die Auslegung von § 184 GVG, nach der fremdsprachige Rechtsschutzgesuche

---

[262] *Bleckmann* (o. Anm. 203), S. 36.

[263] Dazu im einzelnen oben S. 18.

stets unbeachtlich sind[264], ohne daß dem Fremden Gelegenheit gegeben wurde, eine Übersetzung vorzulegen. Eine derartige Erschwerung des Zugangs zu deutschen Gerichten ist sachlich nicht gerechtfertigt. Sie kann bei fristgebundenen Klageschriften so weit gehen, daß sie praktisch zum Ausschluß des Rechtsschutzes führt. § 184 GVG ist demnach nur dann mit der fremdenrechtlichen Rechtsschutzgarantie — wie auch mit den völkervertraglichen Inländerbehandlungsklauseln im gerichtlichen Verfahren und dem Recht Fremder auf Gebrauch der eigenen Sprache — vereinbar, wenn man ihn dahin auslegt und anwendet, daß die deutschen Gerichte bei fremdsprachigen Rechtsschutzgesuchen verpflichtet sind, dem Fremden eine angemessene Frist zur Vorlage einer Übersetzung zu setzen, mit deren rechtzeitiger Vorlage sich eine etwaige Fristwahrung nach dem Zeitpunkt des Eingangs der fremdsprachigen Schrift bestimmt. Das heißt: § 184 GVG wird durch entsprechende Anwendung der §§ 23 Abs. 2, 4 VwVfG, 87 Abs. 2, 4 AO; Entw.SGB X, § 19 Abs. 2, 4 fremdenrechtskonform.

Die fremdenrechtliche Rechtsschutzgarantie zum Schutz und zur Durchsetzung der vom Mindeststandard garantierten materiellen Rechte des Fremden darf, ebenso wie die innerstaatliche Rechtsweggarantie des Art. 19 Abs. 4 GG, nicht an formellen Erschwerungen scheitern; das mit der Anrufung der Gerichte verbundene Kostenrisiko also keine faktische Rechtsschutzverweigerung bewirken, d. h. keinen Umfang annehmen, der es als nicht mehr tragbar erscheinen läßt und den Fremden von der gerichtlichen Verfolgung seiner Rechte abhält[265]. Ist der Rechtsschutz nach innerstaatlichem Recht mit einem Kostenrisiko verbunden, so muß von Fremdenrechts wegen irgendeine Form staatlicher Kostenhilfe, Kostenübernahmepflicht oder dergleichen komplementär zur fremdenrechtlichen Rechtsschutzgarantie bestehen, wenn der Fremde finanziell nicht in der Lage ist, dieses Kostenrisiko zu tragen. Ferner muß das Kostenrisiko angemessen und überschaubar sein. Auch in dieser Hinsicht kann zur Lückenausfüllung der fremdenrechtlichen Rechtsschutzgarantie auf die zu Art. 19 Abs. 4 GG entwickelten und anerkannten Grundsätze zurückgegriffen werden[266].

Ist der Fremde außerstande „ohne Beeinträchtigung des für sich und seine Familie notwendigen Unterhalts die Kosten des Prozesses zu bestreiten“, so bedient sich das geltende innerstaatliche Prozeßrecht gegenwärtig noch[267] des Instituts des Armenrechts (§§ 114 ff. ZPO)[268], d. h.

---

[264] Nachw. oben Anm. 23.

[265] *Wengler* (o. Anm. 152), S. 1014.

[266] Dazu unten S. 103 ff.

[267] Zur Kritik am geltenden System s. insbes. *Grunsky*, Empfehlen sich im Interesse einer effektiven Rechtsverwirklichung für alle Bürger Änderungen des Systems des Kosten- und Gebührenrechts?, Gutachten für den 51. DJT, 1976 m. w. N.; es soll durch eine Prozeßkostenhilfe ersetzt werden, s. „Entwurf

einer einstweiligen Kostenbefreiung bei hinreichender Erfolgsaussicht der Rechtsverfolgung oder -verteidigung, die sich nach § 115 Abs. 1 Nr. 1 ZPO u. a. auf die Dolmetschern zu gewährende Vergütung und auf bare Auslagen des Fremden bei Vorlage von Übersetzungen fremdsprachiger Schriftstücke erstreckt. Diese Barauslagen sind vorzuschießen[269]. Ist das Armenrecht für Fremde somit notwendige Komplementärgarantie zur fremdenrechtlichen Rechtsschutzgarantie, dann kann es nicht, wie in § 114 Abs. 2 Satz 1 ZPO vorgesehen, von der Gegenseitigkeitsverbürgung abhängen, deren praktische Bedeutung freilich gering ist angesichts der Gegenseitigkeitsverbürgung mit der weitaus größeren Zahl der Staaten[270]. Durch die Abhängigkeit der Armenrechtsgewährung bzw. des Wegfalls der Prozeßkostensicherheitsleistung von der Gegenseitigkeitsverbürgung kann der Rechtsschutz als solcher von dieser Bedingung abhängen. Der fremdenrechtliche Mindeststandard soll aber gerade dem Fremden einen Rechtsstatus und eine Behandlung garantieren, die unabhängig davon ist, ob sein Heimatstaat den Angehörigen seines Aufenthaltsstaates diesen Status und diese Behandlung gewährt. Völkervertragliche Inländerbehandlung geht regelmäßig über den Mindeststandard hinaus und kann damit insoweit von der Reziprozität abhängig gemacht werden[271]; die Gegenseitigkeitsbedingung beim fremdenrechtlichen Mindeststandard dagegen könnte ihn zur Sinnlosigkeit herabmindern.

Der fremdenrechtlichen Pflicht des Aufenthaltsstaates zur Gewährung von Armenrecht oder einer anderen Form staatlicher Prozeßkostenhilfe steht nicht entgegen, daß der Mindeststandard als Abwehrrecht gegen diskriminierende Behandlung kein Teilhaberecht an sozialstaatlichen Vergünstigungen des Aufenthaltsstaates ist. Diese Verpflichtung ist notwendiger Bestandteil der fremdenrechtlichen Rechtsschutzgarantie und damit Bestandteil des prozessualen Abwehrrechts des Fremden gegen die Verletzung seiner materiellen Fremdenrechte. Keinesfalls gewährt der Mindeststandard dem Fremden eine über die einstweilige Kostenbefreiung hinausgehende Übernahmepflicht des Aufenthaltsstaates hinsichtlich der Kosten, die ihm infolge seiner Unkenntnis der deutschen

---

eines Gesetzes über Prozeßkostenhilfe", Bundestags-DrS. 8/3068; dazu: *Kollhosser*, ZRP 1979, 297 ff.

268 Auf die §§ 114 ff. ZPO verweisen: §§ 14 SGG, 166 Abs. 1 VwGO, 142 Abs. 1 Satz 1 FGO; zu Besonderheiten des gerichtskostenfreien sozialgerichtlichen Verfahrens (§§ 72 Abs. 5, 167 SGG): *Meyer-Ladewig* (o. Anm. 23), § 167 SGG, Rn. 1 ff.

269 *Baumbach / Lauterbach / Albers / Hartmann* (o. Anm. 23), § 115 ZPO, Anm. 2 B.

270 Mit gleicher Bewertung: *BGH*, NJW 1980, 524; Übersicht bei *Baumbach / Lauterbach / Albers / Hartmann* (o. Anm. 23), § 114 ZPO, Anh., Anm. 2; zum westeurop. Raum: *Gottwald* (o. Anm. 256), ZZP 1976, 136, 141 ff.

271 Dazu oben S. 42.

Gerichtssprache entstehen. Ist der Aufenthaltsstaat dazu schon bei völkervertraglicher Inländerbehandlung nicht verpflichtet, so erst recht nicht aufgrund des fremdenrechtlichen Mindeststandards.

Aber auch für Fremde, die nicht bedürftig sind i. S. v. § 114 Abs. 1 Satz 1 ZPO, dürfen die Kosten des Rechtsstreits, also auch die wegen der Deutschunkenntnis anfallenden Kosten, nicht zu einer Beeinträchtigung der Rechtsschutzgarantie führen und den Rechtsweg praktisch illusorisch machen[272]. Unter Heranziehung der zu Art. 19 Abs. 4 GG entwickelten Grundsätze heißt das, daß auch die zusätzlichen Kosten wegen der Deutschunkenntnis nicht völlig unangemessen sein dürfen und das Kostenrisiko einigermaßen überschau- und abschätzbar bleiben muß[273]. Dem trägt das innerstaatliche Recht hinreichend dadurch Rechnung, daß es die von einem unterlegenen Fremden zu tragenden Dolmetscherkosten durch Festlegung bestimmter Höchstbeträge begrenzt und die der obsiegenden Partei wenn überhaupt zu erstattenden außergerichtlichen Kosten auf die im konkreten Fall objektiv notwendigen Kosten beschränkt.

3. Der Status der EG-Bürger in seiner Bedeutung für die Gerichts- und Amtssprache

a) Status der EG-Bürger

Räumt das gewohnheitsrechtliche Fremdenrecht dem Fremden lediglich eine Rechtsstellung im Aufenthaltsstaat ein, die von der Gewährleistung „fundamentaler Bedürfnisse menschlicher Existenz“ und einem allgemeinen Willkürverbot gekennzeichnet ist, so charakterisiert eine grundlegend andere Qualität die Rechtsstellung der EG-Marktbürger[274], wenn sie sich in einem anderen Mitgliedstaat der EG auf Dauer niederlassen oder vorübergehend aufhalten. Der Grund dafür liegt in der gemeinschaftsrechtlichen Konzeption einer Überwindung des geschlossenen Handelsstaats und einer Öffnung der Staatsgebiete der Mitgliedstaaten zugunsten eines freien Waren-, Personen-, Kapital- und Zahlungsverkehrs. Ist das gewohnheitsrechtliche Fremdenrecht Ausdruck der nationalstaatlichen Sicht des Staates als der organisatorischen Zusammenfassung aller Staatsangehörigen aufgrund gemeinsamer geschichtlicher, kultureller und sprachlicher Eigenarten mit prinzipieller Geschlossenheit des Staatsgebietes für Fremde und den selbstverständlichen Rechten, Fremde vom Staatsgebiet nach Belieben fernzuhalten und sie Inländern

---

[272] *Wengler* (o. Anm. 152), S. 1014.

[273] Zu Art. 19 Abs. 4 G s. unten S. 103 ff.

[274] Der Begriff stammt von *Ipsen / Nicolaysen*, NJW 1964, 339, 340; z. T. wird auch von „Gemeinschaftsbürger“ gesprochen, etwa *Constantinesco*, Das Recht der Europäischen Gemeinschaften I, 1977, S. 552, 564 f., 604, 609 f., 626, 657 u. passim.

gegenüber zu benachteiligen, so ist die Rechtsstellung der EG-Marktbürger bei Aufenthalt oder Niederlassung in einem anderen EG-Mitgliedstaat geprägt von den Zielen der europäischen Integration — von Freiheit und Gleichheit zur Erfüllung ihrer ökonomischen Ziele[275]. Diese Wandlung vom staatsbürgerlichen Status im demokratischen Nationalstaat zum marktbürgerlichen Status in den sich integrierenden EG-Staaten hat *Grabitz* in seiner Schrift „Europäisches Bürgerrecht zwischen Marktbürgerschaft und Staatsbürgerschaft" überzeugend beschrieben[276]. Grundlage dieser Statusveränderung ist die Wandlung von dem die Nationalstaaten prägenden Prinzip ihrer Identifikation mit der Nation, das prinzipiell Freiheiten und Rechte nur für Angehörige der Nation kannte[277], zum Prinzip der Nicht-Identifikation des Staates mit den kulturellen, religiösen, rassischen und sprachlichen Eigenheiten seiner Bewohner[278]. Die spezifischen Eigenheiten von Angehörigen einer Nation treten für EG-Marktbürger zurück zugunsten einer „Entnationalisierung auf ökonomisch relevante Rollen des Ausländers"[279]. Der EG-Marktbürger ist kraft EG-Rechts einer Rechtsordnung unterstellt, „die seine Gleichstellung nicht kraft innerstaatlichen, in Ausführung völkerrechtlicher Verpflichtungen geschaffenen Rechts, sondern kraft eigener, auch die nationalen Gesetzgebungs-, Verwaltungs- und vor allem Rechtssprechungsorgane unmittelbar bindender Wirksamkeit begründet und sichert"[280].

Diesem qualitativ veränderten Status der EG-Bürger hat der deutsche Gesetzgeber in den wichtigsten Bereichen des Fremdenrechts, Aufenthalt und Ausweisung von Ausländern, durch Erlaß des AufenthaltG/EWG[281] Rechnung getragen. Es gibt dem erfaßten Personenkreis, Arbeitnehmern, niedergelassenen selbständigen Erwerbstätigen, Erbringern und Empfängern von Dienstleistungen einschließlich ihrer Familienangehörigen (§ 1 AufenthaltG/EWG) einen Anspruch auf Erteilung der Aufenthaltserlaubnis (§§ 3 ff. AufenthaltG/EWG)[282], während das AuslG für die übrigen Ausländer bei der Regelung der Aufenthaltserlaubnis auf der Tatbestandsseite mit weiten, generalklauselartigen unbestimm-

---

[275] Dazu: *Ipsen,* Europäisches Gemeinschaftsrecht, 1972, S. 545 ff.; *Bleckmann,* Europarecht, 2. Aufl. 1978, S. 241 ff.; *Nicolaysen,* Europäisches Gemeinschaftsrecht, 1979, S. 87 ff.; *Beutler / Bieber / Pipkorn / Streil,* Die Europäische Gemeinschaft — Rechtsordnung und Politik, 1979, S. 227 ff.; *Schweitzer / Hummer,* Europarecht, 1980, S. 190 ff. jew. m. w. N.

[276] Oben Anm. 196, S. 103 ff.

[277] *Krüger,* Allgemeine Staatslehre, 2. Aufl. 1966, S. 182.

[278] Allgemein *Krüger,* a.a.O., S. 178 ff.

[279] *Grabitz* (o. Anm. 196), S. 105 f.; ähnlich etwa: *Streil* in: Beutler / Bieber / Pipkorn / Streil (o. Anm. 275), S. 251 f.; *Ipsen* (o. Anm. 275), S. 251 f.

[280] *Grabitz* (o. Anm. 196), S. 22.

[281] i. d. F. vom 31. 1. 1980 (BGBl. I, S. 116).

[282] Vgl. *BayObLG,* DÖV 1978, 253 ff. m. w. N.

ten Gesetzesbegriffen arbeitet und auf der Rechtsfolgeseite der Behörde Ermessen einräumt (§ 2 AuslG). Die Ausweisung gestattet § 12 AufenthaltG/EWG für EG-Bürger[283] nur unter wesentlich engeren Voraussetzungen als § 10 AuslG für die übrigen Ausländer.

b) Inhalt der funktionell beschränkten Inländerbehandlung

Ihrem Inhalt nach ist die Gewährleistung der Inländerbehandlung von EG-Marktbürgern keine absolute, sondern wird relativiert auf eine Inländerbehandlung zwecks Erfüllung der ökonomischen Gemeinschaftsziele. Nur in seiner „ökonomisch relevanten Rolle“ ist der EG-Marktbürger also den Inländern gleichzustellen[284]. Eine weitergehende rechtliche Gleichstellung — etwa nach dem Vorbild des bundesstaatlichen Indigenats des Art. 33 Abs. 1 GG — findet nicht statt, solange die Verschmelzung der EG-Staaten zu einem europäischen Bundesstaat als bloße politische Zielvorstellung keine Grundlage für eine in jeder Hinsicht vorzunehmende Gleichstellung der EG-Marktbürger mit Inländern zu liefern vermag[285].

Gemeinschaftsrechtlich gewährleistet ist die Inländerbehandlung der EG-Marktbürger in den drei Freiheiten des Personenverkehrs: der Freizügigkeit der Arbeitnehmer (Art. 48 ff. EWGV, 69 EGKSV, 96 EAGV), der Niederlassungsfreiheit zur unabhängigen Erwerbstätigkeit (Art. 52 ff. EWGV) und der Freiheit des Dienstleistungsverkehrs (Art. 59 ff. EWGV). Zugleich erschöpft sie sich in diesen Bereichen[286]; außerhalb dieser Bereiche behält also auch für EG-Marktbürger das völkervertragliche und völkergewohnheitsrechtliche Fremdenrecht durchaus noch seine Bedeutung. Weder der EWGV noch die zu dessen Art. 49 ergangene VO über die Freizügigkeit der Arbeitnehmer (Nr. 1612/68) beziehen in die Inländerbehandlung ausdrücklich den gerichtlichen Rechtsschutz bei Wahrnehmung dieser Freizügigkeit oder die Verwaltungsverfahren, die damit in Zusammenhang stehen, mit ein. Dennoch wird zu Recht die Ansicht vertreten, daß die in ihren Schutzinhalten im wesentlichen übereinstimmenden Rechte auf Freizügigkeit und Niederlassungsfreiheit[287] Inländerbehandlung auch beim gerichtlichen Rechtsschutz hinsichtlich

[283] Aus jüngster Zeit: *BVerwG*, NJW 1979, 506 f.; NJW 1979, 2486 f.

[284] Etwa: *Grabitz* (o. Anm. 196), S. 68 f.; *Ipsen* (o. Anm. 275), S. 252; *Streil* (o. Anm. 275), S. 252; *Zuleeg*, DÖV 1973, 361, 364; *Tomuschat*, ZaöRV 1967, 53, 67.

[285] Nach *Grabitz* (o. Anm. 196), S. 11 liegt es schon jetzt „in der Logik der funktionellen Integration, den marktbürgerlichen Status der Gleichheit zu einem Bürgerrecht Europas zu erweitern, das die volle rechtliche Gleichstellung zumindest der Marktbürger mit dem Inländer sicherte“.

[286] Statt vieler: *Grabitz* (o. Anm. 196), S. 68 f.

[287] Zu dieser Übereinstimmung: *Bleckmann* (o. Anm. 275), S. 265; *Troberg* in: von der Groeben / Boeckh / Thiesing, Kommentar z. EWGV, 2. Aufl. 1974, Vorbem. Art. 52 EWGV, Anm. I; *Ipsen* (o. Anm. 275), S. 642.

dieser Rechte gewähren[288]. Wo das materielle Recht Inländerbehandlung gewährt, kann das ihm dienende Verfahrensrecht nicht dahinter zurückbleiben. Die Gewährleistung der Inländerbehandlung beim gerichtlichen Rechtsschutz kann nicht allein auf die unmittelbar mit der Erwerbstätigkeit zusammenhängenden Verfahren beschränkt bleiben, sondern muß sinnvollerweise auch solche Verfahren einschließen, die sich auf die persönlichen Lebensbedingungen des ausländischen Arbeitnehmers, selbständig Erwerbstätigen oder Dienstleistung Erbringenden im Aufenthaltsstaat beziehen[289]. Jedes Verfahren, das dieser Personenkreis vor einem deutschen Gericht führt, hängt irgendwo mit dem Aufenthalt in der Bundesrepublik zusammen, der seinerseits durch die hier ausgeübte Erwerbstätigkeit bedingt ist, berührt also irgendwie die „persönlichen Lebensbedingungen“. Eine sinnvolle Trennung zwischen Gerichtsverfahren zum Schutze oder zur Verwirklichung von Freizügigkeit oder Niederlassungsfreiheit einerseits und allen übrigen Gerichtsverfahren auf der anderen Seite mit der Folge, daß nur für die Erstgenannten dem Marktbürger Inländerbehandlung zu gewähren ist, erscheint bei diesem Personenkreis praktisch kaum durchführbar. Soll z. B. Inländerbehandlung einem französischen, in der Bundesrepublik tätigen Handelsvertreter in einem Anfechtungsprozeß gegen einen Bußgeldbescheid kraft EG-Rechts zu gewähren sein, wenn er eine Verkehrsordnungswidrigkeit anläßlich der Fahrt zu einem Kunden („ökonomisch relevante Rolle“) begangen, nicht hingegen, wenn es sich um eine sonntägliche Ausflugsfahrt gehandelt hat? Mir scheint, daß bei dem genannten Personenkreis nur eine undifferenzierte Inländerbehandlung bei der Gewährung und der Ausgestaltung des Rechtsschutzes zu angemessenen und vernünftigen Ergebnissen führt. Das muß entsprechend im Verwaltungsverfahren gelten. Beim Zugang zur Verwaltungsbehörde und beim Ablauf des Verwaltungsverfahrens gilt also kraft EG-Rechts Inländerbehandlung, wenn das Verfahren im weitesten Sinne die „ökonomisch relevante Rolle“ des EG-Bürgers in der Bundesrepublik betrifft. Für den Personenkreis von EG-Marktbürgern, denen das EG-Recht nicht die Inländerbehandlung gewährt, bleibt es bei der völkervertraglichen bzw. völkergewohnheitsrechtlichen Behandlung im Gerichts- und Verwaltungsverfahren als Fremde.

Damit stellt sich in unserem Zusammenhang die Frage, wie sich die gemeinschaftsrechtliche Verpflichtung zur Inländerbehandlung der von den ökonomischen Freiheiten des EWGV betroffenen EG-Bürger auf ihre Behandlung in sprachlicher Hinsicht im Gerichts- und Verwaltungs-

---

[288] *Bleckmann* (o. Anm. 275), S. 266; mit gleicher Tendenz: *Pipkorn* in: Beutler / Bieber / Pipkorn / Streil (o. Anm. 275), S. 330: zunehmende wirtschaftliche Verflechtung macht Maßnahmen zur Verbürgung effektiven Rechtsschutzes bei Rechtsstreitigkeiten erforderlich.

[289] So mit Recht *Bleckmann* (o. Anm. 275), S. 266.

verfahren auswirkt. Dabei ist die gemeinschaftsrechtliche Inländerbehandlung durchaus etwas anderes als die Inländerbehandlung aufgrund der Niederlassungs- und Freundschaftsverträge[290]. Aus der besonderen Aufgabenstellung der EG folgt, daß es sich bei den Beziehungen zwischen den Mitgliedstaaten der EG und den Beziehungen, die die Bundesrepublik durch Niederlassungs- und Freundschaftsverträge zu anderen Staaten hat, um völlig verschiedene Fakten handelt und daß deshalb eine ausländerrechtliche Gleichstellung der Angehörigen dieser Staaten mit den Angehörigen von EG-Mitgliedstaaten dem Sinn und Zweck der EG schlichtweg zuwiderliefe[291].

c) EG-Recht und nationales Recht

Das EG-Recht als autonome, weder dem nationalen Recht noch dem Völkerrecht zuzurechnende Rechtsordnung errichtet dem nationalen Gesetzgeber nicht generell eine Kompetenzsperre hinsichtlich solcher Normen, die sich auch oder ausschließlich auf EG-Bürger anderer Mitgliedstaaten in ihrer ökonomisch relevanten Rolle auswirken. Die EG sind kein Bundesstaat[292], kennen folglich keine Aufteilung der Gesetzgebungskompetenzen zwischen den EG und den Mitgliedstaaten nach Art der Kompetenzkataloge bundesstaatlicher Verfassungen[293] und kennen schließlich keine einheitliche Staatsangehörigkeit aller EG-Bürger[294]. Daher ist nicht ausgeschlossen, daß Normen des nationalen Rechts nur für die betreffenden Staatsangehörigen und nicht für die übrigen EG-Bürger gelten, die nicht allein wegen ihres auf die Staatsangehörigen beschränkten Anwendungsbereichs ein die übrigen EG-Bürger diskriminierendes Sonderrecht darstellen. Umgekehrt sind Normen des nationalen Rechts nicht ausgeschlossen, die an die fehlende deutsche Staatsangehörigkeit oder typische und regelmäßige Merkmale nichtdeutscher EG-Bürger, wie Herkunft oder Sprache, anknüpfen, d. h. nur oder überwiegend für ausländische EG-Bürger gelten, also „Sonderrecht für Ausländer" darstellen[295]. War der deutsche Gesetzgeber nach Inkrafttreten

---

[290] s. oben III 1 b.

[291] *BayVGH,* BayVBl. 1970, 368, 369; in gleichem Sinne: *Bleckmann,* Die Rechtsnatur des Europäischen Gemeinschaftsrechts, DÖV 1978, 391, 395.

[292] *BVerfGE* 22, 293, 296; statt vieler: *Constantinesco* (o. Anm. 274), S. 318 ff., 682; *Nicolaysen* (o. Anm. 275), S. 7; *Bleckmann* (o. Anm. 291), S. 398.

[293] z. B. Art. 73 - 75 GG; Art. 10 - 12, 14 der Verfassung der Bundesrepublik Österreich; Art. 24 ff. der Bundesverfassung der Schweizerischen Eidgenossenschaft; vertiefend: *Bothe,* Die Kompetenzstruktur des modernen Bundesstaates in rechtsvergleichender Sicht, 1977, S. 137 ff.

[294] Statt vieler: *Bleckmann* (o. Anm. 275), S. 236.

[295] Dies verkennt *Grabitz* (o. Anm. 196), S. 37, 40, 48; das Verdikt der Ausländerdiskriminierung kann also nur aus dem Inhalt der Norm, nicht schon aus ihrem Anwendungsbereich hergeleitet werden; wie hier: *Wägenbaur* in: von der Groeben / Boeckh / Thiesing (o. Anm. 287), Art. 7 EWGV, Anm. II 1;

der EG-Verträge somit nicht gemeinschaftsrechtlich verpflichtet, vom Anwendungsbereich der Vorschriften über die Gerichts- und Amtssprache die von diesen Verträgen erfaßten EG-Bürger auszunehmen, so kann es im folgenden nur darum gehen, ob und inwieweit diese Vorschriften bzw. ihre Auslegung und Anwendung durch die deutschen Staatsorgane materiell der gemeinschaftsrechtlichen Inländerbehandlung dieses Personenkreises widersprechen. Dabei ist zu beachten, daß die Beziehungen von EG-Recht und nationalem Recht wegen der Heterogenität des Gemeinschaftsrechts vielschichtig sind[296] und neben den kollidierenden Beziehungen, wo nationales Recht dem Gemeinschaftsrecht widerspricht, auch sog. kooperierende Beziehungen bestehen[297], wo das Gemeinschaftsrecht auf eine Ergänzung durch die nationalen Rechtsordnungen der Mitgliedstaaten angelegt ist. So muß sich beispielsweise das EG-Recht zur Verwirklichung des funktionell beschränkten Rechtsschutzes der EG-Bürger in den einzelnen Mitgliedstaaten des nationalen Prozeßrechts bedienen, das seinerseits ihrem besonderen Rechtsstatus Rechnung tragen muß.

d) *Folgerungen für die Gerichts- und Amtssprache*

Sprachkenntnisse sind im Rahmen der gemeinschaftsrechtlichen Freizügigkeit und Niederlassungsfreiheit als Anknüpfungspunkt für differenzierende Regelungen zwischen Inländern und anderen EG-Bürgern außerhalb des Bereichs der Gerichts- und Amtssprache nicht generell ausgeschlossen. So darf die Berufsaufnahme in der Bundesrepublik auch für EG-Bürger von Kenntnissen der deutschen Sprache abhängig gemacht werden, wenn und soweit diese Kenntnisse zur ordnungsgemäßen Ausübung der betreffenden Erwerbstätigkeit im öffentlichen Interesse dringend erforderlich sind[298]. Für die Beschäftigung von Arbeitnehmern ist dies in § 3 Abs. 1 Satz 2 der VO Nr. 1612/68[299] niedergelegt. Danach können „die in Anbetracht der Besonderheit der zu vergebenden Stelle erforderlichen Sprachkenntnisse“ zu einer unterschiedlichen Behandlung von Inländern und deutschunkundigen EG-Bürgern führen. Allgemein ausgedrückt: Kenntnisse und Fähigkeiten als Voraussetzung der

---

Ipsen (o. Anm. 275), S. 590; *Schweitzer / Hummer* (o. Anm. 275), S. 226 Anm. 23; *Streil* in: Beutler / Bieber / Pipkorn / Streil (o. Anm. 275), S. 264 f.

[296] *Constantinesco* (o. Anm. 274), S. 643.

[297] Zu ihnen *Constantinesco* (o. Anm. 274), S. 644 ff.

[298] In diesem Sinne etwa: *Knolle* in: von der Groeben / Boeckh / Thiesing (o. Anm. 287), Art. 48 EWGV, Anm. IV; *Troberg* in: von der Groeben / Boeckh / Thiesing (o. Anm. 287), Art. 52 EWGV, Anm. III; *Bleckmann* (o. Anm. 275), S. 268, 272; *Nelhans,* Die Freizügigkeit der Arbeitnehmer in Europa, 1975, S. 79; *Tomuschat,* ZaöRV 1967, 53, 87 (hinsichtlich der Niederlassungsfreiheit für Anwälte).

[299] VO über die Freizügigkeit der Arbeitnehmer innerhalb der Gemeinschaft vom 15. 10. 1968.

Ausübung einer Erwerbstätigkeit dürfen von Ausländern gefordert werden, wenn und soweit sie auch von Inländern gefordert werden[300]; es sei denn, diese Voraussetzungen sind willkürlich in dem Sinne, daß sie nur deshalb gefordert werden, um Ausländer generell von der betreffenden Erwerbstätigkeit auszuschließen[301]. Dies gilt auch für solche Kenntnisse, die — wie die Kenntnis der deutschen Sprache — Inländer ohne weiteres, Ausländer dagegen in der Regel nicht haben. Dieser Gedanke scheint mir übertragbar auf andere Bereiche, wo die unterschiedliche Sprache Anknüpfungspunkt differenzierender gesetzlicher Regelungen ist, wie bei den Vorschriften über die Gerichts- und Amtssprache. Auch in diesem Bereich schließt das gemeinschaftsrechtliche Diskriminierungsverbot Regelungen nicht aus, die nach Sprachkenntnissen differenzieren, jedoch im öffentlichen und gemeinschaftsrechtlich anerkannten Interesse, hier im Interesse einer funktionsfähigen Gerichtsbarkeit bzw. effektiven Verwaltungstätigkeit, dringend erforderlich sind.

aa) Soweit nach innerstaatlichem Recht für Gerichte keine, für Verwaltungsbehörden regelmäßig keine Verpflichtung besteht, ihre schriftlichen Äußerungen und Entscheidungen fremdsprachig abzufassen bzw. ihnen eine Übersetzung beizufügen, kann dessen Bewertung am Maßstab der gemeinschaftsrechtlichen Inländerbehandlung nicht anders ausfallen als am Maßstab der völkervertraglichen Inländerbehandlungsklauseln trotz des qualitativen Unterschiedes beider Inländerbehandlungspflichten. Das bedeutet: dadurch keine Verletzung der Inländerbehandlung; bei Entscheidungen, an deren Bekanntgabe sich der Lauf einer Anfechtungs- oder sonstigen Frist knüpft: die qualitativ gleichwertige Behandlung der EG-Bürger ist durch prinzipielle Gewährung der Wiedereinsetzung in den vorigen Stand bei Fristversäumung infolge Unkenntnis der deutschen Sprache sicherzustellen[302]. Die Gemeinschaftsrechtskonformität wird insoweit also nicht durch etwaige Verdrängung, sondern durch eine harmonisierende Anwendung des nationalen Rechts mit dem EG-Recht bewirkt.

bb) Die Auslegung von § 184 GVG, nach der fremdsprachige Schriftstücke im Gerichtsverfahren unbeachtlich sind, verstößt teilweise gegen sekundäres Gemeinschaftsrecht, teilweise gegen die gemeinschaftsrechtliche Inländerbehandlung.

---

[300] So etwa: *Troberg* in: von der Groeben / Boeckh / Thiesing (o. Anm. 287), Art. 52 EWGV, Anm. III; *Grabitz,* (o. Anm. 196), S. 80; *Ipsen* (o. Anm. 275), S. 654.

[301] So *Nelhans* (o. Anm. 298), S. 79; in gleichem Sinne für das allgemeine Diskriminierungsverbot des Art. 7 Abs. 1 EWGV: *Wägenbaur* in: von der Groeben / Boeckh / Thiesing (o. Anm. 287), Art. 7 EWGV, Anm. II 2.

[302] a. A. *Häberle* (o. Anm. 14), S. 62 in bezug auf § 23 VwVfG: für EG-Marktbürger „nationalistisch, ja anachronistisch".

Nach Art. 84 Abs. 4 der EG-VO Nr. 1408/71[303] dürfen u. a. „Gerichte eines Mitgliedstaats die bei ihnen eingereichten Anträge und sonstigen Schriftstücke nicht deshalb zurückweisen, weil sie in einer Amtssprache eines anderen Mitgliedstaates abgefaßt sind". Sachlicher Anwendungsbereich der VO sind nach ihrem Art. 4 Abs. 1 bestimmte Zweige der sozialen Sicherheit (Leistungen bei Krankheit, Mutterschaft, Invalidität, Alter, Arbeitsunfällen, Arbeitslosigkeit u. a.), also Materien, für die nach § 51 SGG oder besonderen Vorschriften die Sozialgerichte zuständig sind. Als VO der EG ist Art. 84 Abs. 4 der VO Nr. 1408/71 gemäß Art. 189 Abs. 2 Satz 2 EWGV verbindlich und gilt unmittelbar in jedem Mitgliedstaat, hat damit Vorrang vor kollidierendem nationalem Recht[304], bzw. verpflichtet die Staatsorgane der Mitgliedstaaten zu gemeinschaftsrechtskonformer Auslegung und Anwendung ihres nationalen Rechts. Im Anwendungsbereich dieser VO ist daher § 61 Satz 1 SGG i. V. m. § 184 GVG dahin auszulegen und anzuwenden, daß fremdsprachige Schriftstücke in gleicher Weise wie deutschsprachige beachtlich sind und von dem EG-Bürger auch nicht innerhalb einer vom Gericht gesetzten Frist die Vorlage einer Übersetzung verlangt werden darf. Wenn nach Art. 84 Abs. 4 Satz 2 der VO Nr. 1408/71 die Gerichte von der Verwaltungskommission für die soziale Sicherheit der Wanderarbeitnehmer Übersetzungen anfertigen lassen können, so ist diese Rechtsfolge abschließend in dem Sinne, daß die Gerichte *nur* von dieser Kommission Übersetzungen anfertigen lassen und dies nicht von der Prozeßpartei verlangen können.

In den übrigen Gerichtsverfahren verstößt die Unbeachtlichkeit fremdsprachiger Schriftstücke gegen die gemeinschaftsrechtliche Inländerbehandlung. Eine solche Differenzierung nach der Sprache, in der Schriftstücke im Prozeß vorgelegt werden, ist im Interesse einer funktionsfähigen Gerichtsbarkeit nicht dringend erforderlich. Insbesondere hat diese Auslegung von § 184 GVG ein so erhebliches Maß an Ungleichbehandlung von Ausländern zur Folge, daß von einem qualitativ gleichwertigen Rechtsschutz für EG-Bürger schlechterdings keine Rede sein kann. Dieser besteht vielmehr nur dann, wenn die Gerichte bei nicht hinreichenden eigenen Sprachkenntnissen verpflichtet sind, die Vorlage einer Über-

---

[303] Oben Anm. 89.

[304] Bestr., wie hier zuletzt *EuGH*, NJW 1978, 1741; ferner etwa: *Constantinesco* (o. Anm. 274), S. 608, 703; *Nicolaysen* (o. Anm. 275), S. 12 ff.; *Ipsen* (o. Anm. 275), S. 277 ff.; vertiefend insbes.: *Grabitz*, Gemeinschaftsrecht bricht nationales Recht, 1966; *Ipsen*, Das Verhältnis des Rechts der Europäischen Gemeinschaften zum nationalen Recht, in: Aktuelle Fragen des Europ. Gemeinschaftsrechts, 1965; *Emrich*, Das Verhältnis des Rechts der Europäischen Gemeinschaften zum Recht der Bundesrepublik Deutschland, 1969; *Wagner*, Grundbegriffe des Beschlußrechts der Europäischen Gemeinschaften, 1965; *Zuleeg*, Das Recht der Europäischen Gemeinschaften im innerstaatlichen Bereich, 1969.

setzung in einer angemessenen Frist zu verlangen, deren fristgerechte Vorlage fristwahrend hinsichtlich der fremdsprachigen Schrift wirkt. Der entsprechenden Anwendung der verwaltungsverfahrensrechtlichen Regelungen (§§ 23 Abs. 2, 4 VwVfG, 87 Abs. 2, 4 AO; Entw.SGB X, § 19 Abs. 2, 4) steht das Gemeinschaftsrecht hier nicht entgegen. Aus dem sachlich beschränkten Anwendungsbereich von Art. 84 Abs. 4 der VO Nr. 1408/71, wo dies nicht möglich ist, kann man schließen, daß eine derartige Regelung in anderen Gerichtsverfahren nicht ausgeschlossen ist und, weil sie keine qualitativ nennenswerte Rechtsschutzminderung bedeutet, nicht gegen die Inländerbehandlung verstößt.

cc) Art. 84 Abs. 4 der VO Nr. 1408/71 gilt auch für die von dieser VO erfaßten Verwaltungsverfahren, so daß Entw.SGB X, § 19 Abs. 2, 4 insoweit nicht gelten, die Behörden der Sozialverwaltung hier also keine Vorlage von Übersetzungen fremdsprachiger Schriftstücke verlangen dürfen. Das folgt sowohl aus dem Vorrang von Verordnungen des EG-Rechts vor kollidierendem nationalem Recht (Art. 189 Abs. 2 Satz 2 EWGV), als auch aus dem Vorbehalt des § 30 Abs. 2 SGB-AT zugunsten zwischenstaatlichen Rechts[305].

dd) Ist im Verwaltungsverfahren der Betroffene nach innerstaatlichem Recht zwingend mündlich anzuhören, so ist die Inländerbehandlung gegenüber deutschunkundigen EG-Bürgern nur gewahrt, wenn ein Dolmetscher zugezogen wird. Die Regelungslücke im VwVfG[306] ist somit auch von Gemeinschaftsrechts wegen durch entsprechende Anwendung von § 185 GVG zu schließen.

ee) Was die Kostenfolgen der Deutschunkenntnis des genannten Personenkreises von EG-Bürgern angehen, so führt die gemeinschaftsrechtliche Inländerbehandlung zu entsprechenden Ergebnissen wie die völkervertragliche; Abweichungen ergeben sich aber im Anwendungsbereich der VO Nr. 1408/71.

Im Gerichtsverfahren erfordert die Inländerbehandlung keine einseitige Übernahme der zusätzlichen Kosten durch die Staatskasse; in den unter die VO Nr. 1408/71 fallenden Gerichtsverfahren verringern sich diese Kosten jedoch dadurch, daß bei Vorlage fremdsprachiger Anträge und sonstiger Schriftstücke dem EG-Bürger nicht aufgegeben werden darf, Übersetzungen vorzulegen[307].

Im Verwaltungsverfahren sind wegen der Inländerbehandlung die Vorschriften der §§ 23 Abs. 2 Satz 3 VwVfG, 87 Abs. 2 Satz 3 AO insoweit unanwendbar, als die von der Behörde verlangten Übersetzungen

[305] Wozu die EG-VO Nr. 1408/71 rechnet: *Schnapp* in: Bochumer Komm. zum SGB-AT, 1979, § 30, Rn. 18.

[306] Zu ihr oben S. 27.

[307] Einzelheiten oben S. 79.

von fremdsprachigen Schriftstücken *auf Kosten* des EG-Bürgers anzufertigen sind bzw. daraus ein *Kostenerstattungsanspruch* der Behörde bei Selbstbeschaffung der Übersetzungen folgt, da nach hiesiger Ansicht bei einer Kollision zwischen primärem Gemeinschaftsrecht und späterem einfachen nationalen Recht dem Gemeinschaftsrecht ein Anwendungsvorrang zukommt[308]. In den unter die VO Nr. 1408/71 fallenden sozialbehördlichen Verfahren gilt Entw.SGB X, § 19 Abs. 2 Satz 3, auch soweit er die Kosten betrifft, ohnehin nicht wegen § 30 Abs. 2 SGB-AT. Dolmetscherkosten gehen in allen Verwaltungsverfahren wegen der Inländerbehandlung zu Lasten der Staatskasse.

4. Weitere fremdenrechtliche Liberalisierungstendenzen in ihrer Bedeutung für die Gerichts- und Amtssprache

a) Bestandsaufnahme

Aber auch außerhalb des EG-Rechts und zusätzlich zu den völkervertraglichen Inländerbehandlungspflichten lassen sich in einer ganzen Reihe völkerrechtlicher Verträge Liberalisierungstendenzen auf verschiedenen Gebieten des Fremdenrechts beobachten, die das Ziel verfolgen, sektoral den Fremdenstatus dem der Inländer anzunähern oder gleichzustellen[309]. Diesen fremdenrechtlichen Liberalisierungstendenzen ist nachzugehen, denn das Vertragsrecht ermöglicht wichtige Rückschlüsse auf universell oder regional verbreitete Rechtsüberzeugungen und stellt ein Indiz für den Stand und die Fortentwicklung des völkergewohnheitsrechtlichen Fremdenrechts dar, das zur Konkretisierung des fremdenrechtlichen Mindeststandards heranzuziehen ist[310]. Möglicherweise ergibt eine Zusammenschau der Verträge, die den in unserem Zusammenhang interessierenden Abbau der Folgen von Sprachunterschieden im weiteren Sinne betreffen, eine Tendenz in Richtung auf eine über den fremdenrechtlichen Mindeststandard hinausgehende Inländerbehandlung von Fremden in sprachlicher Hinsicht auch im Gerichts- und Verwaltungsverfahren.

Ohne Anspruch auf Vollständigkeit seien folgende Bereiche fremdenrechtlicher Liberalisierung erwähnt:

aa) Im Bereich des Bildungs- und Ausbildungswesens, wo die Unkenntnis der Nationalsprache des Aufenthaltsstaates eine entscheidende Rolle spielt, wird dem Fremden zwar ein Zugang zum Unterricht in den

---

[308] Dazu insbes. *Constantinesco* (o. Anm. 274), S. 664 ff.; *Ipsen* (o. Anm. 275), S. 287 ff.; zuletzt *EuGH*, NJW 1978, 1741.

[309] Von einer solchen Tendenz spricht schon *Kraus* (o. Anm. 211), S. 90; ausführlich: *Erdmann* (o. Anm. 134), S. 30 ff. u. *Grabitz* (o. Anm. 196), S. 14 ff. jew. m. umfangreichem Material.

[310] *Erdmann* (o. Anm. 134), S. 42; ähnl. *Roesner* (o. Anm. 134), S. 9.

Bildungsstätten des Aufenthaltsstaates „wie den eigenen Staatsangehörigen“ eingeräumt[311], was aber nicht dahin verstanden wird, daß Fremde Anspruch auf Unterricht in ihrer Muttersprache haben, denn für die Modalitäten des Schulbesuchs gilt Inländerbehandlung[312]. Das Europäische Kulturabkommen von 1954[313] begründet lediglich die Verpflichtung, „Erleichterungen für die Ausgestaltung von Studien“ zu gewähren (Art. 2 lit. a), damit also nicht die Verpflichtung zur Einrichtung fremdsprachiger Studiengänge. Fremdenrechtliche Liberalisierungstendenzen in Form einer Anerkennung ausländischer Bildungsabschlüsse, Examina und dergleichen finden sich z. B. in der Europäischen Konvention über die Gleichwertigkeit der Reifezeugnisse[314] sowie in den Europäischen Übereinkommen über die Gleichwertigkeit der Studienzeiten an Universitäten[315] und über die Gleichwertigkeit der akademischen Grade und Hochschulzeugnisse[316]. Bilaterale Verträge enthalten gleichfalls nur Bestimmungen, die die Vertragsschließenden verpflichten, den Staatsangehörigen des Vertragspartners den Zugang zu Ausbildungsstätten zu ermöglichen oder zu erleichtern sowie ausländische Zeugnisse und Befähigungsnachweise anzuerkennen[317]. Sie gehen also in der Verpflichtung zu konkreten Maßnahmen, die die Auswirkungen der Sprachunterschiede nivellieren sollen, nicht weiter als die genannten multilateralen Verträge.

bb) Im Bereich der Aufnahme und Ausübung von Erwerbstätigkeiten gesteht Art. 10 des Europäischen Niederlassungsabkommens den Fremden die Ausübung selbständiger und unselbständiger Erwerbstätigkeiten im Aufenthaltsstaat „unter den gleichen Bedingungen wie den eigenen Staatsangehörigen“ unter dem Vorbehalt entgegenstehender wichtiger Gründe wirtschaftlicher oder sozialer Art zu. Art. 15 gestattet die Ausübung von Erwerbstätigkeiten, für die von Inländern berufliche oder fachliche Befähigungsnachweise verlangt werden, für Ausländer von den gleichen oder als gleichwertig anerkannten Befähigungsnachweisen abhängig zu machen. Das bedeutet: Subjektive Berufszulassungsvoraussetzungen, die für Inländer gelten, gelten auch für Fremde. Werden für die Ausübung einer Erwerbstätigkeit für Inländer deutsche Sprachkenntnisse gefordert, so dürfen sie auch von Ausländern gefordert werden[318].

---

[311] Art. 3 lit. e, Art. 5 Abs. 1 lit. c des Übereinkommens gegen Diskriminierung im Unterrichtswesen vom 15. 12. 1960 (BGBl. 1968 II, S. 385), Art. 20 des Europäischen Niederlassungsabkommens.

[312] *Erdmann* (o. Anm. 134), S. 60.

[313] Vom 19. 12. 1954 (BGBl. 1955 II, S. 1128).

[314] Vom 11. 12. 1953 (BGBl. 1955 II, S. 599).

[315] Vom 15. 12. 1956 (BGBl. 1964 II, S. 1289).

[316] Vom 14. 12. 1959 (BGBl. 1969 II, S. 2057).

[317] Einzelheiten bei *Erdmann* (o. Anm. 134), S. 41 f.

[318] So zutreffend *von Ebner*, DVBl. 1971, 341, 342.

Die Europäische Sozialcharta[319] schließlich verpflichtet in Art. 18 die Vertragsstaaten im Zusammenhang mit der Ausübung einer Erwerbstätigkeit von Ausländern lediglich zu großzügiger Anwendung der bestehenden Vorschriften (Nr. 1) und zur Liberalisierung der Vorschriften über die Beschäftigung ausländischer Arbeitnehmer (Nr. 3). Hier ist nur die Verpflichtung zu einer Liberalisierungspolitik in diesem Bereich vertraglich festgelegt, aus der freilich keine Folgerungen auf einen tatsächlich vorhandenen rechtlichen Liberalisierungsstand gezogen werden können. Bilaterale Verträge in diesem Bereich gewähren Vergünstigungen für Angehörige des Vertragsstaates regelmäßig nur in der Form, daß Ausländer mit den im Heimatstaat erworbenen Zeugnissen und Befähigungsnachweisen zur Berufsausübung zugelassen werden[320].

b) Außervertragliche Geltung?

Die außervertragliche Geltung von Regelungen, die sich in einer größeren Anzahl völkerrechtlicher Verträge finden, aufgrund Gewohnheitsrechts, ist nichts Ungewöhnliches[321]. Kraft Gewohnheitsrechts sind vertragliche Regelungen sowohl in subjektiver Hinsicht auf Nichtvertragsstaaten als auch in objektiver Hinsicht über ihren Inhalt hinaus auf ungeregelte Bereiche erstreckungsfähig[322], so daß sich die Frage ergibt, ob und in welchem Maße durch objektive Erweiterung von speziellen Inländerbehandlungsklauseln auch in vertraglich ungeregelten Bereichen des Fremdenrechts Inländerbehandlung zu gewähren ist. Mit anderen Worten: Ist aus der vielfältigen und übereinstimmenden Tendenz in Richtung auf einen Abbau fremdenrechtlicher Beschränkungen und Ungleichbehandlungen[323] in zahlreichen, hier nur bespielhaft aufgeführten Verträgen ein Gewohnheitsrecht zu entnehmen, wonach der Aufenthaltsstaat in Gerichts- und Verwaltungsverfahren mit deutschunkundigen Fremden über den fremdenrechtlichen Mindeststandard hinaus zur Beseitigung sämtlicher ungleichen Auswirkungen der Sprachunterschiede verpflichtet ist?

---

[319] Vom 18. 10. 1961 (BGBl. 1964 II, S. 1262).

[320] Nachw. bei *Erdmann* (o. Anm. 134), S. 40.

[321] Vgl. die Bsp. bei *Doehring*, Gewohnheitsrecht aus Verträgen, ZaöRV 1976, 77, 89 ff.; allgem. zur Gewinnung von Völkergewohnheitsrecht aus völkerrechtlichen Verträgen: *Doehring*, a.a.O., S. 77 ff.; *Bleckmann*, ZaöRV 1977, 504, 524; *Berber* (o. Anm. 141), S. 56 ff. Krit. zur „konstitutiven Bedeutung von Verträgen bei der Entstehung von Völkergewohnheitsrecht": *Günther* (o. Anm. 202), S. 114 ff.

[322] *Berber* (o. Anm. 141), S. 56.

[323] Wobei bilateralen Verträgen in speziellen Bereichen erheblich größere Bedeutung zukommt als den unkonturierten allgemeinen Inländergleichbehandlungsklauseln in den Handels-, Freundschafts- und Niederlassungsverträgen: desgl. *Erdmann* (o. Anm. 134), S. 42.

Eine solche Methode der Gewinnung eines Völkergewohnheitsrechtssatzes durch objektive Erweiterung tendenziell übereinstimmender Völkerrechtsverträge ist auch möglich bei Verträgen mit speziellem Inhalt, die deshalb abgeschlossen wurden, um damit eine Lücke im Völkerrecht zu schließen und eine Verpflichtung zu begründen, die kraft Völkergewohnheitsrechts nicht besteht. Wenn solche Verträge zwar grundsätzlich nur Recht zwischen den Vertragsstaaten für den geregelten konkreten Sachbereich schaffen, so können dennoch „durch den fortgesetzten und weitverbreiteten Abschluß ähnlicher Verträge“ solche Verträge zur Quelle gewohnheitsrechtlicher Regeln werden[324]. Dies ist die Methode der Abstrahierung und Generalisierung zahlreicher spezieller Rechtssätze. Einfach gefragt: Wenn in 95 % der Bereiche des Fremdenrechts Inländerbehandlung gilt, muß dies nicht dann auch in den wenigen ungeregelten Restbereichen gelten?

Ein Gewohnheitsrechtssatz, jedwede Auswirkungen der Sprachunterschiede im Gerichts- und Verwaltungsverfahren durch alle nur denkbaren Mittel auszugleichen, insbesondere durch Gewährung eines Anspruches auf Übersetzung gerichtlicher und behördlicher Entscheidungen und Rechtsbehelfsbelehrungen in die Muttersprache des Fremden, kann den fremdenrechtlichen Liberalisierungstendenzen nicht entnommen werden, denn sie gehen in keinem Bereich so weit, Sprachunterschiede für unerheblich zu erklären bzw. die Beseitigung jedweder ungleichen Auswirkung zu fordern. Ein Anspruch auf Unterricht in der Muttersprache wird Fremden nicht eingeräumt, Kenntnisse der deutschen Sprache als subjektive Berufszulassungsvoraussetzung sind nicht ausnahmslos unzulässig — die Auswirkungen der Sprachunterschiede werden also nicht generell, sondern nur dort beseitigt, wo dies dringend nötig erscheint und nicht überall dort, wo es theoretisch möglich ist. Kein völkerrechtliches Gewohnheitsrecht auf Inländerbehandlung für Fremde im Gerichts- und Verwaltungsverfahren läßt sich im Wege der subjektiven Erweiterung der Inländerbehandlungsklauseln in den Handels-, Freundschafts- und Niederlassungsverträgen auf Drittstaaten gewinnen, denn hierzu fehlt es an der dafür erforderlichen gesteigerten Notwendigkeit einer außervertraglichen Geltung der Inländerbehandlungsklauseln[325].

5. Die Gerichts- und Amtssprache im Ausland in ihrer Bedeutung für den fremdenrechtlichen Mindeststandard

Ein Blick auf ausländische Regelungen über die Gerichts- und Amtssprache soll Übereinstimmungen in diesem Bereich feststellen. Das kann zum einen Bedeutung haben für die Konkretisierung des fremdenrecht-

---

[324] *Berber* (o. Anm. 141), S. 59.

[325] *Doehring* (o. Anm. 321), ZaöRV 1976, 77, 90.

lichen Mindeststandards, der ja keinen für alle Zukunft festgeschriebenen Inhalt hat, sondern sich parallel zu nationalen fremdenrechtlichen Rechtssätzen und Verhaltensweisen weiterentwickelt und verändert. Daher ist es unentbehrlich, im Wege der Rechtsvergleichung ausländischer Rechtsordnungen auf bestimmten Gebieten des Fremdenrechts wegen der sich darin widerspiegelnden Staatenpraxis einen fremdenrechtlichen Entwicklungsstandard abzuleiten, der es erlaubt, ihn als allgemein anerkannten fremdenrechtlichen Mindeststandard anzusehen. Zeigt das innerstaatliche Fremdenrecht anderer Staaten deren Praxis bei der Behandlung Fremder, dann kann eine weitgehend übereinstimmende Praxis aufgrund inhaltlich übereinstimmenden innerstaatlichen Fremdenrechts der Ausdruck einer allgemeinen, als Recht anerkannten Übung sein und zum Völkergewohnheitsrecht werden[326]. Zum anderen sind aus dem innerstaatlichen Recht „die von den Kulturvölkern anerkannten allgemeinen Rechtsgrundsätze“ (Art. 38 Abs. 1 lit. c IGH-Statut) zu gewinnen[327]. Dies erfolgt jedoch nicht durch Generalisierung solcher innerstaatlicher Rechtssätze, die in zahlreichen Staaten inhaltlich übereinstimmend gelten; vielmehr gilt es, aus ihnen eine gemeinsame ratio legis zu ermitteln, eine Übereinstimmung im grundsätzlichen, nicht in Einzelheiten festzustellen[328]. Bei der Übernahme innerstaatlicher Rechtssätze, die das Individuum-Staat-Verhältnis betreffen, als allgemeine Rechtsgrundsätze in das Völkerrecht, sind ohnehin nur allgemeinste, abstrakte und grundlegende, letztlich aus der Menschenwürde ableitbare staatliche Verpflichtungen übernahmefähig, nicht hingegen ins Detail gehende Rechtssätze mehr technischen Charakters[329]. So enthält das Sachgebiet der Gerichts- und Amtssprache im Gerichts- und Verwaltungsverfahren neben mehr verfahrenstechnischen Regelungen auch Vorschriften mit Menschenrechtsgehalt, wie das „Recht auf Gebrauch der Muttersprache“ im Verfahren oder den Anspruch auf rechtliches Gehör im Gerichtsverfahren. Nur hinsichtlich solcher Vorschriften kann die Rechtsvergleichung

---

[326] So etwa: *Strebel*, Einwirkungen nationalen Rechts auf das Völkerrecht, ZaöRV 1976, 168, 171; *Hailbronner*, Ziele und Methoden völkerrechtlich relevanter Rechtsvergleichung, ZaöRV 1976, 190 ff., 197, 203; *Jaenicke* (o. Anm. 192), S. 308 f.; allgem. zu dieser Methode: *Bleckmann* (o. Anm. 203), S. 26 ff.; *Hailbronner*, a.a.O., S. 201 ff.
Dies ist kein „im Wege generalisierender Abstraktion einzelstaatlicher Rechtssätze gewonnenes Völkergewohnheitsrecht“, wie *Leibholz* (o. Anm. 205), ZaöRV 1929, 77, 118 beanstandet, sondern lediglich die Feststellung der von der Rechtsüberzeugung getragenen Staatenpraxis, die sich in diesen Rechtssätzen niederschlägt.

[327] Dazu bes. *Hailbronner* (o. Anm. 326), S. 192, 205 ff.; der Begriff der „allgemeinen Rechtsgrundsätze des Völkerrechts“ ist höchst umstr., vgl. die Aufzählung von 16 (!) Definitionen in der Völkerrechtslehre bei *Berber* (o. Anm. 141), S. 67 ff.

[328] *Hailbronner* (o. Anm. 326), S. 207.

[329] *Hailbronner* (o. Anm. 326), S. 214; *Berber* (o. Anm. 141), S. 71.

also zu allgemeinen Rechtsgrundsätzen im Sinne von Art. 38 Abs. 1 lit. c IGH-Statut führen; im übrigen kann sie nur zur Konkretisierung des fremdenrechtlichen Mindeststandards beitragen.

a) Die Gerichtssprache in ausländischen Rechtsordnungen

Ein notwendig kursorischer Überblick über die Regelung der Gerichtssprache und die damit zusammenhängenden Fragen in den wichtigsten ausländischen Rechtsordnungen ergibt folgendes Bild[330]:

Das Recht auf Gebrauch der Muttersprache vor Gericht ist, soweit es um mündliche Äußerungen geht, durchweg gewährleistet. Eine ausdrückliche Gewährleistung enthalten etwa das tschechoslowakische Gerichtsverfassungs- und Zivilprozeßrecht[331]; das rumänische Zivilprozeßrecht, die als prozessuales Grundprinzip auch im Verwaltungsprozeß gilt[332]; in Italien enthält die Verfassung eine derartige Garantie nur für nationale Minderheiten, für Fremde ist sie im Zivil-[333] und Strafprozeßrecht[334] enthalten und gilt entsprechend in den gerichtlichen Rechtsschutzverfahren gegen die Exekutive[335]; in Griechenland ausdrücklich im Zivilprozeßrecht, die analog in den Verfahren vor den besonderen Verwaltungsgerichten gilt[336]. In Israel dürfen nach allgemeinem Gerichtsgebrauch nicht anwaltlich vertretene Parteien jede Sprache gebrauchen; selbst ausländischen Anwälten wurde zuweilen der Gebrauch ihrer Muttersprache gestattet, obwohl offizielle Gerichtssprachen englisch, arabisch und hebräisch sind[337]. Andere Staaten, wie die Schweiz, die Türkei, Australien und Groß-Britannien, gestatten gleichfalls den Gebrauch der Muttersprache aufgrund allgemeiner Gerichtspraxis ohne ausdrückliche gesetzliche Garantie[338]. Einige Rechtsordnungen ordnen ausdrücklich an, daß das Gericht zur Zuziehung eines Dolmetschers verpflichtet ist, wenn

---

330 Ausgewertet u. berücksichtigt wurden die Länderberichte des Heidelberger Colloquiums des Max-Planck-Instituts für ausländisches öffentliches Recht und Völkerrecht über „Gerichtsschutz gegen die Exekutive“, hrsg. von Mosler, Bd. 1 u. 2, 1971; wo auch die Regelungen über die Gerichtssprache im Zivil- und Strafprozeß dargestellt sind; speziell zum Zivilprozeß: „Fundamental Guarantees of the Parties in Civil Litigation, Studies in National, International and Comparative Law“, Prepared at the Report of UNESCO, hrsg. von Cappelletti u. Tallon, 1973.

331 s. *Svoboda* in: Gerichtsschutz ... (o. Anm. 330), Bd. 2, S. 1027.

332 *Stoica / Dragula / Balogh* in: Gerichtsschutz ... (o. Anm. 330), Bd. 2, S. 909.

333 Art. 122 Codice di Procedura Civile.

334 Art. 326 Codice di Procedura Penale.

335 *Bachelet* in: Gerichtsschutz ... (o. Anm. 330), Bd. 1, S. 494 f.

336 *Tsatsos* in: Gerichtsschutz ... (o. Anm. 330), Bd. 1, S. 304 f.

337 *Cohn* in: Gerichtsschutz ... (o. Anm. 330), Bd. 1, S. 453.

338 Schweiz: *Eichenberger* in: Gerichtsschutz ... (o. Anm. 330), Bd. 2, S. 969; Türkei: *Balta*, ebenda, Bd. 2, S. 1077; Australien: *Sawer*, ebenda, Bd. 1, S. 42; Groß-Britannien: *Bradley*, ebenda, Bd. 1, S. 348.

Prozeßbeteiligte der Gerichtssprache nicht oder nicht hinreichend kundig sind[339]. In einigen Staaten erfolgt dies aufgrund allgemeiner Gerichtspraxis ohne entsprechende gesetzliche Verpflichtung[340]. Das impliziert, daß Fremde ihre Muttersprache in mündliche Verhandlungen vor Gericht gebrauchen dürfen und bedeutet eine allgemeine Respektierung der fremden Sprache und die Achtung von allgemeinem Persönlichkeitsrecht und Menschenwürde. Daher kann man insoweit durchaus von einem allgemeinen Rechtsgrundsatz des Völkerrechts sprechen.

Hingegen räumt, soweit ersichtlich, keine Rechtsordnung einem der Gerichtssprache unkundigen Fremden einen Anspruch ein, daß schriftlichen Äußerungen der Gerichte, insbesondere gerichtlichen Entscheidungen, eine Übersetzung in die Muttersprache des Fremden beizufügen ist[341] oder gar, daß sie fremdsprachig abzufassen sind. Sofern ausländische Rechtsordnungen in dieser Beziehung detailliertere und differenzierte Regelungen kennen, etwa nach bestimmten Landesteilen unterscheiden[342] oder Sonderregelungen für das oberste, für das gesamte Staatsgebiet zuständige Gericht bestehen[343], beruht dies regelmäßig auf der Mehrsprachigkeit der Bevölkerung dieser Staaten, insbesondere auf der Existenz zahlreicher lokaler Sprachen und Mundarten; d. h. diese Regelungen sind Staatsangehörigen-, kein Fremdenrecht.

Bei der Vorlage von Schriftstücken, die nicht in der jeweiligen Gerichtssprache abgefaßt sind, sehen nur wenige Rechtsordnungen ausdrücklich vor, daß das Gericht die Vorlage von Übersetzungen verlangen kann[344]. In Frankreich sind, wie nach herrschender Ansicht in der

---

339 Niederlande: *Langemeijer* in: Gerichtsschutz ... (o. Anm. 330), Bd. 2, S. 804 (gesetzl. Verpflichtung im Strafprozeß, im übrigen ständige Gerichtspraxis); Norwegen: *Skare*, ebenda, Bd. 2, S. 821; Schweiz: *Eichenberger*, ebenda, Bd. 2, S. 969; Türkei: *Balta*, ebenda, Bd. 2, S. 1077; USA: *van Alstyne*, ebenda, Bd. 2, S. 1144; spez. für den Zivilprozeß in den lateinamerikan. Staaten: *Vescovi / Vaz-Ferreira* in: Fundamental Guarantees ... (o. Anm. 330), S. 113; in den osteurop. sozialistischen Staaten: *Stalev*, ebenda, S. 390.

340 Irland: *Kelly* in: Gerichtsschutz ... (o. Anm. 330), Bd. 1, S. 431; Luxemburg: *Welter*, ebenda, Bd. 2, S. 700.

341 In Finnland, wo finnisch u. schwedisch Nationalsprachen sind, ist im einsprachigen Bezirk grundsätzl. die betr. Bezirkssprache zu verwenden, ggf. müssen die Gerichte eine kostenlose Übersetzung von Dokumenten u. Entscheidungen beifügen (s. *Merikoski* in: Gerichtsschutz ... o. Anm. 330, Bd. 1, S. 204 f.); dies ist jedoch kein Fremden-, sondern Staatsangehörigenrecht!

342 So in Belgien: *Velu* in: Gerichtsschutz ... (o. Anm. 330), Bd. 1, S. 80; Finnland: *Merikoski*, ebenda, Bd. 1, S. 204 f.; Canada (für die Provinz Quebec): *Mundell*, ebenda, Bd. 1, S. 591; Mexiko: *Alcala-Zamara Y Castillio*, ebenda, Bd. 2, S. 781.

343 So für den Conseil d'État von Belgien: *Velu* (o. Anm. 342) u. den Supreme Court von Indien: *Jagota* in: Gerichtsschutz ... (o. Anm. 330), Bd. 1, S. 394.

344 Belgien: *Velu* (o. Anm. 342); Mexiko: *Alcala-Zamara Y Castillio* (o. Anm. 342); in Schweden ist dies nach *Wennegren* in: Gerichtsschutz ... (o. Anm. 330), Bd. 2, S. 933 eine „offene Frage".

Bundesrepublik, nicht in französisch verfaßte Rechtsschutzgesuche unzulässig[345].

Nur ganz vereinzelt wird der Dolmetscher in der mündlichen Verhandlung dem Fremden auf Kosten der Staatskasse zur Verfügung gestellt[346].

Damit läßt sich der fremdenrechtliche Mindeststandard dahin konkretisieren, daß einem der Gerichtssprache Unkundigen ein Anspruch auf Zuziehung eines Dolmetschers zur mündlichen Verhandlung im Gerichtsverfahren zusteht, weil ein solcher von der überwiegenden Staatengemeinschaft in ihren nationalen Rechtsordnungen übereinstimmend vorgesehen ist und praktiziert wird[347]. Hingegen haben Fremde aufgrund des fremdenrechtlichen Mindeststandards keinen Anspruch auf schriftliche Entscheidung in ihrer Muttersprache oder Beifügung einer Übersetzung und keinen Anspruch auf einen unentgeltlichen Dolmetscher in der mündlichen Verhandlung.

b) *Die Gerichtssprache internationaler Gerichtshöfe*

Kein fremdenrechtlicher Mindeststandard für die sprachliche Behandlung von Fremden vor Gerichten läßt sich aus den Regelungen herleiten, die für internationale, auf völkerrechtlichen Verträgen beruhende Gerichtshöfe, wie Internationaler Gerichtshof der UN (IGH), Europäischer Gerichtshof für Menschenrechte (EGMR) und Gerichtshof der Europäischen Gemeinschaften (EuGH) gelten[348]. Die Verfahrensordnungen dieser Gerichtshöfe sehen durchweg mehrere, gleichberechtigte Verfahrenssprachen vor, deren Wahl im konkreten Verfahren weitgehend zur Parteidisposition steht, teilweise beider Parteien, teilweise nur einer Partei ohne Zustimmung des Gegners. Die Benutzung einer anderen als der Verfahrenssprache kann gestattet werden, so daß diese Regelungen weitgehend nicht zwingend sind[349]. Diese Gerichtshöfe sind mit nationa-

---

345 *Fromont* in: Gerichtsschutz ... (o. Anm. 330), Bd. 1, S. 247.

346 Tschechoslowakei: *Svoboda* in: Gerichtsschutz ... (o. Anm. 330), Bd. 2, S. 1027; USA: *van Alstyne*, ebenda, Bd. 2, S. 1144; im Zivilprozeß in den osteurop. sozialistischen Staaten: *Stalev* in: Fundamental Guarantees ... (o. Anm. 330), S. 390; zur Unanwendbarkeit von Art. 6 Abs. 3 lit. e EMRK im Zivilprozeß: *Velu*, ebenda, S. 326.

347 Allgemeingültigkeit insoweit stellt auch *Steinberger*, Fundamentale Verfahrensgarantien im Rahmen des gerichtlichen Rechtsschutzes des Einzelnen gegenüber der vollziehenden Gewalt, in: Gerichtsschutz ... (o. Anm. 330), Bd. 3, S. 150 fest.

348 Art. 39 IGH-Statut (o. Anm. 202); Art. 24 der VerfahrensO des EGMR i. d. F. vom 17. 1. 1979 (BGBl. II, S. 212); Art. 29 bis 31 der VerfahrensO des EuGH vom 4. 12.1976 (ABl. Nr. L 350/1).

349 So für die VerfahrensO des EuGH: *EuGH*, RsprGH IV, S. 262, 370; Einzelheiten bei *Ule* in: Gerichtsschutz ... (o. Anm. 330), Bd. 2, S. 1197; vgl. auch *Riese*, Das Sprachenproblem in der Praxis des Gerichtshofs der Europäischen Gemeinschaft, in: Festschr. für Dölle, 1963, Bd. 2, S. 507 ff. insbes. zu gerichtsinternen Problemen der Mehrsprachigkeit!

len Gerichten nicht vergleichbar; ihre Besetzung und die vor ihnen auftretenden Prozeßparteien und Anwälte sind internationaler Herkunft. Die Verfahrensordnungen haben die Regelungen über die Gerichtssprache auf diese Bedürfnisse zugeschnitten. Zur Konkretisierung des fremdenrechtlichen Mindeststandards im Bereich der sprachlichen Behandlung von Fremden vor Gericht können sie nichts beitragen.

c) Die Amtssprache in ausländischen Rechtsordnungen

Gesetzliche Regelungen über die Amtssprache im Verwaltungsverfahren finden sich nur vereinzelt im ausländischen Verwaltungsverfahrensrecht[350]. In der Schweiz erklärt schon die Verfassung deutsch, französisch und italienisch zu Amtssprachen[351]. In Jugoslawien und Ungarn lassen die Verwaltungsverfahrensgesetze ausdrücklich den Gebrauch bestimmter Muttersprachen im Umgang mit Verwaltungsbehörden zu[352]; teilweise ist die Zuziehung eines Dolmetschers vorgesehen[353]. Diese Regelungen beruhen darauf, daß es sich durchweg um Staaten handelt, in deren Staatsgebiet mehrere Sprachen gesprochen werden. Auf keinen Fall läßt sich daraus eine allgemeine Regel des völkerrechtlichen Fremdenrechts ableiten, denn die genannten Vorschriften sind ja gerade kein innerstaatliches Fremdenrecht, deren Adressaten fremde Staatsangehörige oder Staatenlose sind, sondern Regelungen für die eigenen Staatsangehörigen, also innerstaatliches Minderheitenrecht.

---

[350] Ausgewertet u. berücksichtigt wurde die Sammlung: Verwaltungsverfahrensgesetze des Auslandes, hrsg. von *Ule / Becker / König*, Schriftenreihe der Hochschule Speyer, Bd. 31, 1967; sowie: *Hahn*, Das neue Schwedische Verwaltungsgesetz, VerwArch 1973, 260; *Panagopoulos*, Das Verwaltungsverfahrensrecht in Griechenland, DVBl. 1977, 154; *Jendroska*, Das allgemeine Verwaltungsverfahren in Polen, ÖJZ 1978, 233; *Takada*, Hauptprobleme des Japanischen Verwaltungsrechts, VerwArch 1978, 34, 58 ff.; *Schmid*, Das Verwaltungsverfahrensgesetz der CSSR, Berichte des Bundesinstituts für ostwissenschaftliche und internationale Studien, 1978.

[351] Art. 116 Abs. 2 der Bundesverfassung für die Schweizerische Eidgenossenschaft.

[352] Art. 14 Abs. 1 des Jugoslawischen Gesetzes über das allgemeine Verwaltungsverfahren, abgedr. in: Verwaltungsverfahrensgesetze des Auslandes (o. Anm. 350), Bd. 1, S. 217; Art. 12 Abs. 2 des Ungarischen Gesetzes über die allgemeinen Vorschriften des Verwaltungsverfahrens, ebenda, Bd. 2, S. 869 f.

[353] Obligatorisch: § 14 Abs. 2 des Jugoslawischen Gesetzes (o. Anm. 352); fakultativ: § 9 des Schwedischen Verwaltungsgesetzes vom 4. 6. 1971, abgedr. bei *Hahn*, Verw.Arch. 1973, 260, 280.

IV. Die Vorschriften über die Gerichts- und Amtssprache im Lichte des Verfassungsrechts

1. Verfassungsrechtliche Anerkennung des „Rechts auf Gebrauch der eigenen Sprache“

Ist die Muttersprache wesentlicher Ausdruck der Persönlichkeit und das Recht zu ihrem Gebrauch Ausfluß von allgemeinem Persönlichkeitsrecht und Menschenwürde[354], dann hat das diesen elementaren und unveräußerlichen Menschenrechten verpflichtete GG (Art. 1 und 2 GG) das „Recht auf Gebrauch der eigenen Sprache“ anzuerkennen, zu schützen, möglicherweise sogar zu ermöglichen, dem mit einem bloßen Benachteiligungsverbot wegen der Sprache in Art. 3 Abs. 3 GG nicht genügt ist.

Auswirkungen hat das „Recht auf die eigene Sprache“ zum einen im Bereich jener Kommunikationsgrundrechte, die als Jedermann-Grundrechte auch deutschunkundigen Ausländern zustehen; das sind die Meinungsäußerungsfreiheit (Art. 5 Abs. 1 Satz 1 GG) sowie das Brief- und Fernmeldegeheimnis (Art. 10 Abs. 1 GG). So umfaßte die in Art. 5 Abs. 1 Satz 1 GG jedermann garantierte Freiheit der Meinungsäußerung „in Wort und Schrift“ Äußerungsmodalitäten im weitesten Umfange[355]; insbesondere auch die Meinungsäußerung durch fremdsprachiges Wort und fremdsprachige Schrift[356]. Die Meinungsäußerung in Gestalt fremdsprachiger, an deutsche Gerichte oder Behörden gerichtete Schriftstücke, findet ihre Schranke an den Vorschriften über die Gerichts- und Amtssprache, die so gesehen zugleich allgemeine Gesetze im Sinne von Art. 5 Abs. 2 GG darstellen, weil sie sich nicht speziell gegen die Meinungsäußerung als solche richten[357], sondern andere Ziele verfolgen, die dann aber ihrerseits wegen ihrer die Meinungsäußerungsfreiheit beschränkenden Wirkung im Lichte der Bedeutung dieses Grundrechts zu interpretieren sind[358]. Das Brief- und Fernmeldegeheimnis des Art. 10 Abs. 1 GG gilt auch bei fremdsprachiger Kommunikation durch Brief oder Inan-

---

354 Einzelheiten oben S. 60 f.

355 Statt vieler: *Herzog* in: Maunz / Dürig / Herzog / Scholz (o. Anm. 186), Art. 5 GG, Rn. 69.

356 Desgl. *Stober*, VR 1979, 325, 327.

357 Zum umstr. Begriff des allgem. Gesetzes i. S. v. Art. 5 Abs. 2 GG statt vieler: *Herzog* in: Maunz / Dürig / Herzog / Scholz (o. Anm. 186), Art. 5 GG, Rn. 241 ff. m. w. N.; wie hier insbes. *Bettermann*, JZ 1964, 601, 603 ff.

358 *BVerfGE* 7, 198, 208 f.

spruchnahme von Fernmeldeeinrichtungen. Sofern aufgrund des Gesetzesvorbehalts in Art. 10 Abs. 2 Satz 1 GG eine Kontrolle zulässig ist, darf die Beschränkung des Grundrechts auch gegenüber Deutschunkundigen nicht außer Verhältnis zu ihrem Zweck stehen. Daher hat es das *OLG Braunschweig* für unzulässig erklärt, wenn von einem ausländischen Untersuchungsgefangenen zur Erleichterung der richterlichen Briefkontrolle verlangt wird, seinen Schriftwechsel mit Landsleuten in deutscher Sprache zu führen oder seinem Brief eine deutsche Übersetzung beizufügen; vielmehr müsse der Richter nach pflichtgemäßem Ermessen selbst für die Anfertigung einer Übersetzung sorgen[359].

Zum anderen wirkt sich das „Recht auf die eigene Sprache" aus im Bereich der Kommunikation Deutschunkundiger mit deutschen Staatsorganen, also im Regelungsbereich der Gerichts- und Amtssprache. Zwar ist es in einem einsprachigen Staat wie der Bundesrepublik Deutschland eine Selbstverständlichkeit, daß die Landessprache zugleich Gerichts- und Amtssprache ist[360]. Diese Selbstverständlichkeit betrifft aber nur die Äußerungen deutscher Staatsorgane; soweit es um die Äußerungen Deutschunkundiger an deutsche Staatsorgane geht, darf das nicht dazu führen, daß Deutschunkundigen der Gebrauch ihrer Muttersprache verwehrt ist. Wie bereits im Zusammenhang mit dem fremdenrechtlichen Mindeststandard dargelegt[361], widerspricht dem nur die Auslegung von § 184 GVG, die die Unbeachtlichkeit fremdsprachiger Schriftstücke im Gerichtsverfahren annimmt, weil eine derart weitgehende Beschränkung des Rechts auf Gebrauch der Muttersprache vom Erfordernis einer funktionsfähigen Gerichtsbarkeit nicht gefordert wird.

2. Die Bedeutung des Benachteiligungsverbots wegen der Sprache (Art. 3 Abs. 3 GG)

Nach Art. 3 Abs. 3 GG darf niemand wegen der dort genannten Merkmale benachteiligt oder bevorzugt werden. Eine Überprüfung von Vorschriften des innerstaatlichen Fremdenrechts — solcher, die an die fremde Staatsangehörigkeit oder Staatenlosigkeit einer Person anknüpfen ebenso, wie solcher, die an typische und regelmäßige Fremdenmerkmale anknüpfen — am Gleichheitssatz des Art. 3 Abs. 3 GG sieht sich häufig vor folgende Problematik gestellt:

---

[359] *OLG Braunschweig*, NJW 1973, 2168.

[360] So mit Recht: *Leonhardt* in: Stelkens / Bonk / Leonhardt (o. Anm. 63), § 23 VwVfG, Rn. 3; *Stober*, VR 1979, 325, 326, der die §§ 184 GVG, 23 Abs. 1 VwVfG, 87 Abs. 1 AO, Entw. SGB X, § 19 Abs. 1 als „lediglich deklaratorisch" ansieht, „die nur wiederholen, was sich schon unmittelbar aus der Verfassung ergibt".

[361] Oben S. 64 f.

Auf der einen Seite sind die fremde Staatsangehörigkeit oder Staatenlosigkeit einer Person als Anknüpfung für gesetzliche Regelungen durch Art. 3 Abs. 3 GG nicht ausgeschlossen[362]. Die Aufzählung der persönlichen Merkmale in Art. 3 Abs. 3 GG, deretwegen eine Benachteiligung oder Bevorzugung nicht stattfinden darf, ist abschließend[363]; „fremde Staatsangehörigkeit", „Ausländereigenschaft", „Staatenlosigkeit" oder „Fremdheit" sind nicht aufgeführt. Da mit den in Art. 3 Abs. 3 GG genannten Merkmalen „Heimat" und „Herkunft" nicht die fremde Staatsangehörigkeit, sondern die „örtliche Herkunft" und die „ständisch-soziale Abstammung" gemeint sind[364], schließt Art. 3 Abs. 3 GG Regelungen nicht von vornherein aus, die zwischen Fremden und deutschen Staatsangehörigen differenzieren. Bestimmte Freiheitsrechte sind ohnehin schon vom GG selbst ausdrücklich Deutschen vorbehalten (Art. 8 Abs. 1, 9 Abs. 1, 11 Abs. 1, 12 Abs. 1, 16 Abs. 1 Satz 1); hier hat also bereits die Verfassung die Differenzierung vorgenommen[365]. Auf der anderen Seite sind die Merkmale „Rasse" und „Sprache" in Art. 3 Abs. 3 GG typische und regelmäßige Merkmale, in denen sich Fremde und deutsche Staatsangehörige unterscheiden. Fremde könnten daher gegenüber zahlreichen, an ihre fremde Staatsangehörigkeit oder Staatenlosigkeit anknüpfenden Vorschriften des Fremdenrechts einwenden, daß sie nicht wegen ihrer Fremdeneigenschaft unterschiedlich gegenüber Deutschen behandelt werden, sondern letztlich wegen ihrer Rasse oder Sprache[366], es sich also um eine verdeckte Diskriminierung wegen dieser Merkmale handelt[367].

---

[362] *BVerwGE* 22, 66, 70; *VG Berlin*, GewArch. 1965, 143; *VG Frankfurt*, DVBl. 1968, 472 u. allgem. M. etwa: *Doehring* (o. Anm. 192), S. 195 ff.; *Isensee* (o. Anm. 258), S. 49 ff., 75; *Ipsen* (o. Anm. 211), S. 134, 146, 156; *Dürig* in: Maunz / Dürig / Herzog / Scholz (o. Anm. 186), Art. 3 Abs. 3 GG, Rn. 80; *Bleckmann* (o. Anm. 192), S. 361 f. Abw. *Zuleeg*, DÖV 1973, 361, 363 f. ohne überzeugende Begründung; unklar *Tinnefeld* (o. Anm. 221), S. 53 f., 61.

[363] *Ipsen* (o. Anm. 211), S. 145; *Dürig* in: Maunz / Dürig / Herzog / Scholz (o. Anm. 186), Art. 3 Abs. 3 GG, Rn. 27; *Doehring* (o. Anm. 192), S. 195; a. A.: *Schmidt-Bleibtreu / Klein*, Kommentar zum GG der BRep. Deutschland, 4. Aufl. 1977, Art. 3 GG, Rn. 40.

[364] *BVerfGE* 5, 17, 22; 9, 124, 128; 23, 258, 262; *BVerwGE* 22, 66, 69 f.

[365] Unhaltbar *Zuleeg*, DÖV 1973, 361, 362: Ist der persönliche Anwendungsbereich eines speziellen Grundrechts beschränkt (auf Deutsche), kann sich der nicht erfaßte Personenkreis auf das Auffanggrundrecht des Art. 2 Abs. 1 GG berufen.

Bei persönlich beschränkten speziellen Freiheitsrechten kann nichts anderes gelten als bei sachlich beschränktem Gewährleistungsgehalt; so kann etwa der Gewährleistungsgehalt des Art. 8 Abs. 1 GG („friedlich und ohne Waffen") nicht über Art. 2 Abs. 1 GG auf unfriedliche Versammlungen erweitert werden. Dies ist Verfassungsdurchbrechung, keine -interpretation. Die Ansicht *Zuleegs* ließe sich im übrigen auch über den Schrankenvorbehalt des Art. 2 Abs. 1 GG widerlegen, denn zur verfassungsmäßigen Ordnung zählen auch die speziellen Freiheitsrechte des GG, deren Anwendungsbereich persönlich beschränkt ist.

[366] Insbes. *Doehring* (o. Anm. 192), S. 196; s. auch *Isensee* (o. Anm. 258), S. 75, für den dieser Konflikt aber weitgehend nicht zu existieren scheint.

Umgekehrt ließe sich oft gegenüber an die fremde Rasse oder Sprache anknüpfenden Vorschriften einwenden, daß die unterschiedliche Behandlung letztlich auf der verschiedenen Staatsangehörigkeit beruhe und damit von Art. 3 Abs. 3 GG gedeckt sei.

Auf diesen häufigen Konflikt zwischen Art. 3 Abs. 3 GG und innerstaatlichem Fremdenrecht hat besonders *Doehring* hingewiesen, der bei dessen Auflösung die ratio des Art. 3 Abs. 3 GG und sein Verhältnis zu Art. 3 Abs. 1 GG heranzieht[368]. Abzustellen sei bei einer sinnvollen Anwendung von Art. 3 Abs. 3 GG auf den geregelten Lebenssachverhalt und darauf, was ihn entscheidend präge. Die in Art. 3 Abs. 3 GG genannten Merkmale seien durchaus zulässiger Anknüpfungspunkt für differenzierende gesetzliche Regelungen[369] in den Bereichen, wo gerade diese Merkmale entscheidend den vom Gesetzgeber geregelten Lebenssachverhalt prägen, wo sie also der Regelungsgegenstand selbst sind. Das bedeutet: ist die Sprache für den geregelten Lebenssachverhalt ohne Bedeutung, dann darf der Gesetzgeber die Sprachunterschiede nicht berücksichtigen. Sind die Sprachunterschiede jedoch selbst der eigentliche Regelungsgegenstand, so darf der Gesetzgeber sie berücksichtigen; ja ihre Berücksichtigung kann sogar vom Gleichheitssatz gefordert werden, wenn die Nichtberücksichtigung der Sprachunterschiede ihrerseits zur Willkür wird[370]. Hier zeigt sich der Unterschied zwischen Art. 3 Abs. 3 GG und seinem Abs. 1, d. h. dessen Konkretisierungsfunktion gegenüber dem allgemeinen Gleichheitssatz des Abs. 1. Während der Gesetzgeber aufgrund von Art. 3 Abs. 1 GG bis zur Willkürgrenze differenzieren darf und differenzieren muß, wenn die Gleichbehandlung zur Willkür wird, verbietet Art. 3 Abs. 3 GG die Differenzierung wegen der dort genannten Merkmale; es sei denn, diese sind selbst der eigentliche Regelungsgegenstand und die Gleichbehandlung trotz der unterschiedlichen Merkmale wird ihrerseits zur Willkür[371]. Dies ist bei Art. 3 Abs. 2 GG anerkannt, wo die biologischen Geschlechtsunterschiede selbstverständlich Regelungsgegenstand sein dürfen und gegebenenfalls sogar zu einer unterschiedlichen Regelung verpflichten[372], und kann bei den Merkmalen des Art. 3 Abs. 3 GG nicht anders sein[373].

[367] So wie es „verdeckte Diskriminierungen wegen der Staatsangehörigkeit" gibt, kann es „verdeckte Diskriminierungen wegen der Rasse etc." geben.

[368] *Doehring* (o. Anm. 192), S. 169 ff.

[369] Bes. deutl. *Dürig* in: Maunz / Dürig / Herzog / Scholz (o. Anm. 186), Art. 3 Abs. 3 GG, Rn. 135 unter Hinw. auf *BVerfGE* 2, 266, 286; widersprüchl. *Zeidler*, Die Aktualität des Gleichheitssatzes nach dem BGG, DÖV 1952, 4, 5 f., der einerseits die Kriterien des Art. 3 Abs. 3 GG nicht als Ausgangspunkt einer gesetzlichen Differenzierung zulassen will (S. 5), andererseits „aus dem Inhalt des Gesetzes" entnehmen will, ob eine nach Art. 3 Abs. 3 GG verbotene Diskriminierung (!) „bezweckt wird".

[370] s. schon oben S. 43.

[371] *Dürig* in: Maunz / Dürig / Herzog / Scholz (o. Anm. 186), Art. 3 Abs. 3 GG, Rn. 3.

Dies erhellt zugleich, daß Art. 3 Abs. 3 GG kein absolutes Differenzierungsverbot sein kann, das eine Differenzierung nach den dort genannten Merkmalen schlechthin und in jedem Falle verwehrt, wie es die wohl verbreitetste Lesart dieser Vorschrift ist[374]. Als absolutes Differenzierungsverbot und strikte Beschränkung der gesetzgeberischen Gestaltungsfreiheit würde Art. 3 Abs. 3 GG oft ins Absurde führen[375]. So wären z. B. die berufs- und gewerberechtlichen Vorschriften verfassungswidrig, die für bestimmte Berufe oder die Ausübung bestimmter Gewerbe Kenntnisse der deutschen Sprache verlangen[376]. Jedoch nicht Art. 3 Abs. 3 GG, sondern Art. 12 GG ist die Verfassungsnorm, an der solche Vorschriften zu messen sind. Art. 3 Abs. 3 GG führt zu einem abwegigen und untragbaren Ergebnis[377], der generellen Unzulässigkeit derartiger Regelungen. Allein über die Stufentheorie des *Bundesverfassungsgerichts* zu Art. 12 Abs. 1 GG[378] kommt man zu dem vernünftigen und sachgerechten Ergebnis, daß deutsche Sprachkenntnisse als subjektive Zulassungsvoraussetzung nach dem dafür geltenden Grundsatz der Verhältnismäßigkeit dort und in dem Maße zulässig sind, wo sie zu dem angestrebten Zweck der ordnungsmäßigen Erfüllung der Berufstätigkeit nicht außer Verhältnis stehen[379]. Wenn und soweit für eine bestimmte Berufsausübung deutsche Sprachkenntnisse gefordert werden dürfen, dürfen und müssen (!) sie vom In- wie vom Ausländer gefordert werden, obwohl der Inländer sie besitzt, der Ausländer hingegen regelmäßig nicht; d. h. beide zwar den gleichen formalen Voraussetzungen unterliegen, jedoch wegen der regelmäßigen tatsächlichen Unterschiede höchst ungleich behandelt werden. Auf dieser Linie liegt es, wenn das *Bundesverfassungsgericht* die Verfassungswidrigkeit der Bevorzugung von „Bayerischen Landeskindern" beim Hochschulzugang aufgrund Landesrechts aus Art. 12 Abs. 1 GG in Verbindung mit dem allgemeinen Gleichheitssatz begründet hat und die

---

372 *BVerfGE* 3, 225, 242; 5, 9, 12; 6, 389, 422.

373 Zu dieser Parallelität *Doehring* (o. Anm. 192), S. 196; vgl. auch *BVerfGE* 5, 9, 12.

374 Etwa: *Ipsen* (o. Anm. 211), S. 134, 155 ff., 180 f., anders aber S. 194: Merkmale des Art. 3 Abs. 3 GG können in concreto für die Eignung eines Bewerbers mitbestimmend und beachtlich sein; *Isensee* (o. Anm. 258), S. 75: Absolutes Gleichstellungsangebot; *Zeidler*, DÖV 1952, 4, 5; *Ruppel* (o. Anm. 207), S. 40; *Gubelt* in: von Münch (o. Anm. 162), Art. 3 GG, Rn. 89; wie hier: *BVerfGE* 39, 334, 368; *Dürig* in: Maunz / Dürig / Herzog / Scholz (o. Anm. 186), Art. 3 Abs. 3 GG, Rn. 135 ff.; wohl auch *Tinnefeld* (o. Anm. 221), S. 64; *Schmidt-Bleibtreu / Klein* (o. Anm. 363); Art. 3 GG, Rn. 40.

375 So mit Recht *Doehring* (o. Anm. 192), S. 198.

376 Nachw. bei *von Ebner*, DVBl. 1971, 341, 342.

377 Zur Praktikabilität des Ergebnisses als Prüfstein der Verfassungsinterpretation: *Bachof*, AöR 87 (1962), S. 1 ff., 5 f.

378 Grdl. *BVerfGE* 7, 377 ff.

379 Allgem.: *BVerfG*, a.a.O., S. 407.

Verletzung von Art. 3 Abs. 3 GG, d. h. eine Benachteiligung oder Bevorzugung wegen der Herkunft ausdrücklich dahinstehen ließ[380].

Das leitet über zu der zweiten häufigen Schwierigkeit bei der Prüfung von Rechtsnormen am Maßstab des Art. 3 Abs. 3 GG, der *Finalität* der Benachteiligung oder Bevorzugung *gerade wegen* eines oder mehrerer der dort genannten Merkmale. Man hat also zu fragen, ob der Primärzweck der Norm nur beiläufig und als Nebenfolge ein Merkmal des Art. 3 Abs. 3 GG tangiert oder ob es sich um ein „Zielgesetz“ wegen eines solchen Merkmals handelt[381]. Mißverständlich ist die Formulierung, die Sonderbehandlung dürfe nicht „ihre Ursache“ in den durch Art. 3 Abs. 3 GG bezeichneten Gründen haben[382], denn bloße Kausalität reicht nicht, sondern Finalität ist erforderlich für eine Verletzung von Art. 3 Abs. 3 GG[383]. So besteht Kausalität zwischen einem Merkmal des Art. 3 Abs. 3 GG und einer Sonderbehandlung in vielen Vorschriften, insbesondere in denen über die Gerichts- und Amtssprache und denen, die Deutschkenntnisse als Berufszulassungsvoraussetzung verlangen. Damit besteht aber noch keine Finalität im Sinne eines Zielgesetzes wegen der Sprache. Dafür sind Zielrichtung sowohl des Prüfungsmaßstabes (Art. 3 Abs. 3 GG) als auch des Prüfungsgegenstandes zu bestimmen.

Zielrichtung des Verbots einer Sonderbehandlung „wegen der Sprache“ in Art. 3 Abs. 3 GG sind nicht primär deutschunkundige Ausländer, die sich vorübergehend oder für längere Zeit in der Bundesrepublik aufhalten, sondern der Schutz fremdsprachiger Minderheiten[384] — freilich ein Problem das in der Bundesrepublik kaum praktische Bedeutung hat[385]. Deshalb ist Art. 3 Abs. 3 GG schon nicht der verfassungsrechtliche Maßstab, an dem die Vorschriften über die Gerichts- und Amtssprache, das „Sonderrecht für deutschunkundige Ausländer“, sowie ihre Auslegung und Anwendung durch die Rechtsprechung zu messen sind. Vielmehr ergeben sich die Grenzen unzulässiger Behandlung von Deutschunkundigen im Gerichts- und Verwaltungsverfahren aus den speziellen Verfahrensgrundrechten, der Rechtsweggarantie des Art. 19 Abs. 4 GG, dem Anspruch auf rechtliches Gehör des Art. 103 Abs. 1 GG sowie anderen tragenden Strukturprinzipien des GG, wie dem Sozialstaats- und Rechtsstaatsprinzip. Zu Recht hat daher das *Bundesverfassungsgericht* den An-

---

380 *BVerfGE* 33, 303, 356.

381 *Dürig* in: Maunz / Dürig / Herzog / Scholz (o. Anm. 186), Art. 3 Abs. 3 GG, Rn. 154; ähnl. jetzt auch *BVerfGE* 39, 334, 368.

382 So noch *BVerfGE* 2, 266, 286; 5, 17, 22.

383 *BVerfGE* 39, 334, 368; *Dürig* in: Maunz / Dürig / Herzog / Scholz (o. Anm. 186), Art. 3 Abs. 3 GG, Rn. 154 ff.; unklar *Gubelt* in: von Münch (o. Anm. 162), Art. 3 GG, Rn. 89.

384 *Ipsen* (o. Anm. 211), S. 146; *Doehring* (o. Anm. 192), S. 199; *Dürig* in: Maunz / Dürig / Herzog / Scholz (o. Anm. 186), Art. 3 Abs. 3 GG, Rn. 69.

385 s. oben S. 61.

spruch eines Ausländers auf Wiedereinsetzung in den vorigen Stand bei Versäumung von Rechtsbehelfsfristen wegen einer deutschsprachigen Rechtsbehelfsbelehrung in gerichtlichen Strafbefehlen oder behördlichen Bußgeldbescheiden „unmittelbar aus den prozessualen Grundrechten der Art. 19 Abs. 4, 103 Abs. 1 GG" hergeleitet und nicht auf eine nach Art. 3 Abs. 3 GG unzulässige Benachteiligung des Ausländers abgestellt. Der Ausländer habe im gerichtlichen Verfahren „den gleichen Anspruch auf ein rechtsstaatliches Verfahren und auf umfassenden und effektiven Rechtsschutz wie jeder Deutschen", was nicht erst aus Art. 3 Abs. 3 GG folge, sondern sich unmittelbar aus den prozessualen Grundrechten ergebe[386].

Zur Prüfung der Frage, ob es sich bei einer Sonderbehandlung um eine finale „wegen" eines Merkmals des Art. 3 Abs. 3 GG handelt, hat *Dürig* eine ebenso einfache wie überzeugende Methode vorgeschlagen. Konnte der mit der Regelung beabsichtigte Zweck auf eine Art und Weise verwirklicht werden, die nicht notwendig zu einer Sonderbehandlung führt, dann handelt es sich um eine finale Sonderbehandlung, um ein „Zielgesetz" wegen eines Merkmals des Art. 3 Abs. 3 GG[387]. Gibt es hingegen zur Verwirklichung des beabsichtigten Zweckes nur die an ein Merkmal des Art. 3 Abs. 3 GG anknüpfende Sonderbehandlung, also insofern keine möglichen Alternativen, dann ist sie keine finale im Sinne von Art. 3 Abs. 3 GG. Zweck der Vorschriften über die Gerichts- und Amtssprache ist die Schaffung des notwendigen Ausgleichs zwischen den Erfordernissen einer funktionsfähigen Gerichtsbarkeit bzw. effektiven Verwaltungstätigkeit auf der einen und dem berechtigten Anliegen Deutschunkundiger nach einer angemessenen Verständigung mit deutschen Gerichten und Behörden auf der anderen Seite. Ein solcher Ausgleich kann aber *nur durch eine Sonderbehandlung* Deutschunkundiger erreicht werden, so daß die an die Sprache anknüpfenden Vorschriften über die Gerichts- und Amtssprache keine finale, nach Art. 3 Abs. 3 GG unzulässige Sonderbehandlung normieren.

3. Die Bedeutung verfassungsrechtlicher Verfahrensgarantien

Sind die verfassungsrechtlichen Verfahrensgarantien somit die Maßstäbe, an denen die Vorschriften über die Gerichts- und Amtssprache zu messen sind, so muß unterschieden werden zwischen den Gerichtsverfahren und den Verwaltungsverfahren, denn nur für die Gerichtsverfahren enthält das GG in den Art. 19 Abs. 4 und 103 Abs. 1 Regelungen

---

386 *BVerfGE* 40, 95, 98 ff.; 42, 120, 123 ff.; auf Art. 3 Abs. 3 GG abstellend: *Stober*, VR 1979, 325, 332.

387 *Dürig* in: Maunz / Dürig / Herzog / Scholz (o. Anm. 186), Art. 3 Abs. 3 GG, Rn. 158.

mit Grundrechtsqualität, die bei der einfach-gesetzlichen Ausgestaltung des Zugangs zu den Gerichten und der Durchführung des Verfahrens zu beachten sind, während es im Bereich der Verwaltungsverfahren an derartigen besonderen Verfassungsnormen fehlt.

a) Verfahrensgarantien im Gerichtsverfahren

aa) Die Rechtsgarantie des Art. 19 Abs. 4 GG

Art. 19 Abs. 4 GG, das „formelle Hauptgrundrecht“[388], eröffnet den Rechtsweg, wenn „jemand“ durch die öffentliche Gewalt in seinen Rechten verletzt wird und gilt gleichermaßen für In- und Ausländer[389]. Diese Rechtsweggarantie gilt jedoch ausdrücklich nur bei Verletzung subjektiver Rechte durch die öffentliche Gewalt, also nicht im Bereich privatrechtlicher Streitigkeiten[390]. Nach allgemeiner Ansicht enthält das GG jedoch über Art. 19 Abs. 4 hinaus eine Rechtsschutzgarantie für privatrechtliche Ansprüche, über deren Verortung allerdings Meinungsverschiedenheiten bestehen. Einige wollen sie auf Art. 19 Abs. 4 GG[391], andere auf das Verbot der Richterentziehung (Art. 101 Abs. 1 Satz 2 GG)[392] oder auf den Anspruch auf rechtliches Gehör (Art. 103 Abs. 1 GG)[393] stützen. Teilweise wird sie aus dem Prinzip der Gewaltenteilung und dem richterlichen Rechtsprechungsmonopol des Art. 92 GG abgeleitet[394] oder dem Rechtsstaatsprinzip des GG entnommen[395]. In der wohl

[388] *Klein*, Tragweite der Generalklausel im Art. 19 Abs. 4 des Bonner Grundgesetzes, VVDStRL, H. 8 (1950), S. 67 ff., 123; vgl. die Zusammenstellung der Formulierungen, mit denen das Schrifttum Art. 19 Abs. 4 GG gefeiert hat, bei *Dütz* (o. Anm. 186), S. 72.

[389] *BVerfGE* 35, 382, 401; 38, 52, 57 ff.; 40, 95, 98 f.; 42, 120, 123; *BVerwGE* 3, 58, 60; 4, 298, 299; *BVerwG*, NJW 1979, 2486, 2487; *OVG Münster*, DÖV 1955, 90; DÖV 1965, 774; *Dürig* in: Maunz / Dürig / Herzog / Scholz (o. Anm. 186), Art. 19 Abs. 4 GG, Rn. 16; *Bettermann* (o. Anm. 187), S. 787; *Lorenz* (o. Anm. 261), S. 55 Anm. 4; *Ruppel* (o. Anm. 207), S. 219; *Berkemann*, JZ 1979, 545, 548; *Schuwerack*, SGb 1974, 447; *Stober*, VR 1979, 325, 328.

[390] *Bettermann* (o. Anm. 187), S. 788; *ders.*, AöR 96 (1971), S. 528, 529 ff.; *Dürig* in: Maunz / Dürig / Herzog / Scholz (o. Anm. 186), Art. 19 Abs. 4 GG, Rn. 17; *Lerche*, Zum „Anspruch auf rechtliches Gehör“, ZZP 78 (1965), S. 1, 8; *Dütz* (o. Anm. 186), S. 71 f.

[391] So etwa *Bötticher*, ZZP 75 (1962), S. 28 ff., 43 f.; *Wieczorek* (o. Anm. 24), § 13 GVG, Anm. F 1; ähnl. auch *Blomeyer*, Zivilprozeßrecht — Erkenntnisverfahren, 1963, S. 7.

[392] Etwa *Arndt*, JZ 1956, 633; *Joachim*, DRiZ 1965, 181, 183.

[393] Insbes. *Baur*, Der Anspruch auf rechtliches Gehör, AcP 153 (1953), S. 393, 396 ff.; *Baumgärtel*, ZZP 75 (1962), S. 385, 393, 407; *Habscheid*, ZZP 67 (1954), S. 188, 197; *Lüke*, ZZP 76 (1963), S. 1, 20; abl.: *Lerche* (o. Anm. 390), S. 8; *Dütz* (o. Anm. 186), S. 76 ff.

[394] *Hamann / Lenz*, Grundgesetz, 3. Aufl. 1970, Art. 92 GG, Anm. B 1 c.

[395] Insbes. *Bettermann* (o. Anm. 187), S. 788; *Arndt*, in: Festg. für Carlo Schmidt, 1962, S. 5 ff., 13; *Friesenhahn*, in: Festschr. für Thoma, 1950, S. 21 ff., 43, 45; *Dütz* (o. Anm. 186), S. 99 ff.; *Berkemann*, JZ 1979, 545, 550; a. A. *Maunz / Dürig* in: Maunz / Dürig / Herzog / Scholz (o. Anm. 186), Art. 20 GG, Rn. 92 (in der Bearb. von 1960) unter Berufung auf *BVerfGE* 8, 174, 181.

gründlichsten Untersuchung dieser Frage kommt *Dütz* zu dem Ergebnis, daß umfassender gerichtlicher Schutz in allen privatrechtlichen Angelegenheiten aus einer „zusammenfassenden Betrachtung der einschlägigen rechtsstaatlichen Rechtsschutzvorschriften in den Art. 1 Abs. 3, 19 Abs. 4, 20, 28, 92 GG unter Einbeziehung der wesentlichen Anhaltspunkte, die Vorgeschichte, Entstehungszeit, redaktionelle Abfassung, Aufnahme und Verständnis in Rechtsprechung und Literatur sowie verfassungsmäßige Wirkung bieten“[396] herzuleiten sei. Als Ausfluß des Rechtsstaatsprinzips, das neben der Vorherrschaft des Rechts und der Rechtsordnung auch die Sicherung und Durchsetzung subjektiver Rechte beinhaltet[397], gilt die verfassungsrechtliche Rechtsschutzgarantie für privatrechtliche Ansprüche auch für Ausländer. Die Rechtsschutzgarantien des GG für Ausländer gehen inhaltlich also wesentlich weiter als der völkergewohnheitsrechtliche Mindeststandard für Fremde, dessen Rechtsschutzgarantie zwar Zugang zu den Gerichten des Aufenthaltsstaates bei Rechtsverletzungen sowohl durch die öffentliche Gewalt als auch durch Privatrechtssubjekte gewährt, jedoch nur hinsichtlich der materiellen Rechtspositionen des fremdenrechtlichen Mindeststandards, also elementarer Menschenrechte[398].

Art. 19 Abs. 4 GG gestattet einfach-gesetzliche Erschwerungen des Zugangs zu den Gerichten, die zumutbar und aus Sachgründen gerechtfertigt sind[399]. Bei privatrechtlichen Streitigkeiten wird als verfassungsrechtliche Grenze für Rechtsschutzgewährungsvoraussetzungen der Verstoß gegen das Übermaßverbot genannt[400]. Ungeeignete, nicht erforderliche und in der Zweck-Mittel-Relation unverhältnismäßige Erschwerungen des Zugangs sind unzulässig[401]. Man sollte getrost von einer inhaltlichen Identität der Grenzen von Rechtsschutzerschwerungen in beiden Bereichen sprechen, denn in der Formel „keine unzumutbaren, sachwidrigen Erschwerungen“ stecken Willkür- und Übermaßverbot[402], wie im Übermaßverbot bei Rechtsschutzerschwerungen für privatrechtliche Streitigkeiten auch das Willkürverbot steckt[403].

---

[396] *Dütz* (o. Anm. 186), S. 67 ff., insbes. S. 111.

[397] So zutreffend *Dütz* (o. Anm. 186), S. 107.

[398] s. oben S. 68.

[399] Nachw. oben Anm. 261.

[400] *Dütz* (o. Anm. 186), S. 171 f.; *Bauer* (o. Anm. 261), S. 80.

[401] Zu den Konkretisierungen des Übermaßverbots bes. *Lerche*, Übermaß und Verfassungsrecht, 1961, S. 19 ff.; *Gentz*, Zur Verhältnismäßigkeit von Grundrechtseingriffen, NJW 1968, 1600 ff.; *Grabitz*, Der Grundsatz der Verhältnismäßigkeit in der Rechtsprechung des Bundesverfassungsgerichts, AöR 98 (1973), S. 568 ff.

[402] Vgl. *Buermeyer* (o. Anm. 261), S. 150 ff., der sämtliche Rechtsschutzerschwernisse am Maßstab von Geeignetheit, Notwendigkeit und Verhältnismäßigkeit im engeren Sinne mißt.

[403] Zu diesem Zusammenhang allgemein: *Lerche* (o. Anm. 401), S. 29 ff., 40 ff.

bb) Der Anspruch auf rechtliches Gehör (Art. 103 Abs. 1 GG)

Als Ausfluß von Rechtsstaatsprinzip und Menschenwürde, die verbieten, den Einzelnen zum bloßen Objekt der richterlichen Entscheidung zu machen[404], garantiert Art. 103 Abs. 1 GG als Jedermann-Grundrecht Anspruch auf rechtliches Gehör und steht damit auch Ausländern zu[405]. Als „Konzentrat des einfachgesetzlichen Rechtsstoffes mit bestimmter Akzentsetzung“[406] überläßt Art. 103 Abs. 1 GG zwar die nähere Ausgestaltung des rechtlichen Gehörs den einzelnen Verfahrensordnungen[407], beeinflußt jedoch seinerseits die prozessualen Rechtsinstitute und ist bei der Auslegung und Anwendung des einfachen Prozeßrechts heranzuziehen[408].

cc) Verfassungsrechtliche Bewertung der Vorschriften über die Gerichtssprache im einzelnen

Daraus ergeben sich folgende verfassungsrechtliche Bewertungen der Vorschriften über die Gerichtssprache:

α) Den verfassungsrechtlichen Anspruch auf rechtliches Gehör in der mündlichen Verhandlung verwirklicht das einfache Prozeßrecht in § 185 GVG[409], indem es Deutschunkundigen einen Anspruch auf Zuziehung eines Dolmetschers einräumt, wenn und soweit die Verhandlung nicht ohnehin fremdsprachig geführt wird (§ 185 Abs. 2 GVG). In Verfahren mit Anwaltszwang darf die Zuziehung des Dolmetschers nicht von vornherein und allein deshalb unterbleiben, weil der Deutschunkundige vertreten ist und seinem Prozeßvertreter rechtliches Gehör gewährt wird. Vielmehr ist Art. 103 Abs. 1 GG nur dann genügt, wenn der Deutschunkundige selbst durch Vermittlung eines Dolmetschers die Äußerungen des Gerichts entgegennehmen kann, um zu ihnen Stellung nehmen zu können[410]. Art. 103 Abs. 1 GG fordert also die Selbstanhörung der deutschunkundigen Partei; die Anhörung ihres deutschkundigen Prozeßvertreters anstelle der Prozeßpartei reicht nicht. Allerdings ist der Anspruch auf rechtliches Gehör verzichtbar. Gibt der

---

404 *BVerfGE* 9, 89, 95; 39, 156, 168; *Dürig* in: Maunz / Dürig / Herzog / Scholz (o. Anm. 186), Art. 103 GG, Rn. 4/5.

405 *BVerfGE* 12, 6, 8; 18, 399, 403; 40, 95, 98; 42, 120, 123: *Ruppel* (o. Anm. 207), S. 217; *Stober*, VR 1979, 325, 329.

406 *Lerche* (o. Anm. 390), S. 11.

407 *BVerfGE* 9, 89, 95 f.; 18, 399, 405.

408 *BVerfGE* 9, 89, 96; 15, 303, 307; 17, 356, 361; 20, 280, 282; 21, 132, 137; 24, 56, 62; vgl. auch *Lerche* (o. Anm. 390), S. 3, 11 ff.

409 Desgl. *Dürig* in: Maunz / Dürig / Herzog / Scholz (o. Anm. 186), Art. 103 GG, Rn. 79; *Stober*, VR 1979, 325, 329; *BayObLG*, DVBl. 1977, 113, 115.

410 So mit Recht *Stober*, VR 1979, 325, 329; desgl. schon *OLG Frankfurt*, NJW 1952, 1310 f.

Deutschunkundige vor der mündlichen Verhandlung dem Gericht gegenüber unmißverständlich zu verstehen, daß ihm mit der Anhörung seines Prozeßvertreters genügt ist, bzw. teilt er im Zivil- oder Verwaltungsprozeß mit, daß er zur mündlichen Verhandlung gar nicht erscheinen wird, so kann selbstverständlich die Zuziehung eines Dolmetschers unterbleiben, es sei denn, das Gericht hat nach §§ 141 Abs. 1, 273 Abs. 2 Nr. 3, 279 Abs. 2 ZPO, 51 Abs. 1 ArbGG, 95 Abs. 1 VwGO, 80 Abs. 1 FGO, 111 Abs. 1 SGG, 13 Satz 2 FGG das persönliche Erscheinen der deutschunkundigen Partei angeordnet[411].

β) Mit den Verfahrensgrundrechten der Art. 19 Abs. 4, 103 Abs. 1 GG unvereinbar ist die Auslegung von § 184 GG, wonach fremdsprachige Schriftstücke, also auch Klage- und Rechtsmittelschriften sowie Anträge auf vorläufigen Rechtsschutz unbeachtlich und damit nicht fristwahrend sind[412]. Wie bereits bei der fremdenrechtlichen Rechtsschutzgarantie dargelegt, ist eine derart weitgehende und folgenschwere Rechtsschutzgewährungsvoraussetzung aus Sachgründen nicht gerechtfertigt, stellt also eine unverhältnismäßige und unzulässige Erschwerung des Rechtsweges dar[413]. Unter Beachtung der verfassungsrechtlichen Erfordernisse an den Zugang zum Gericht für Ausländer kann bei fristgebundenen Rechtsschutzgesuchen eine fremdsprachige Schrift vielmehr erst dann unbeachtlich sein, wenn das Gericht eine im konkreten Fall angemessene Frist zur Vorlage einer Übersetzung gesetzt hat und die Übersetzung nicht fristgemäß vorgelegt wird[414]. Die Fristüberschreitung ist jedoch m. E. unschädlich, wenn — was freilich nicht sehr häufig sein dürfte — die Übersetzungsfrist *vor* der Klage- oder Rechtsmittelfrist abläuft; wird hier die Übersetzung innerhalb der gesetzlichen Frist vorgelegt, so muß sie als fristgemäß angesehen werden, weil die richterliche Übersetzungsfrist nicht die gesetzliche Klage- oder Rechtsmittelfrist zu Lasten des Deutschunkundigen verkürzen kann. Bei fristgemäßer Vorlage der Übersetzung ist für die Einhaltung der gesetzlichen Klage- oder Rechtsmittelfrist der Zeitpunkt des Eingangs der fremdsprachigen Schrift maßgebend. Nur durch entsprechende Anwendung der §§ 23 Abs. 2, 4 VwVfG, 87 Abs. 2, 4 AO; Entw.SGB X, § 19 Abs. 2, 4 auch im Gerichtsverfahren wird also den Verfahrensgrundrechten deutschunkundiger Ausländer genügt.

Bei unbefristeten Klagen bewirkt die Überschreitung der richterlichen Übersetzungsfrist m. E. keine Präklusion nach § 230 ZPO[415]. Für sach-

[411] Bei der Ermessensausübung des Gerichts sind auch die Kostenfolgen zu bedenken, die diese Anordnung bewirkt.

[412] Nachw. oben Anm. 23.

[413] s. oben S. 69 f.

[414] Da *Stober*, VR 1979, 325, 329 die Befugnis des Gerichts, eine Übersetzung zu verlangen u. dafür eine Frist zu setzen, nicht berücksichtigt, kommt er folglich zur uneingeschränkten fristwahrenden Wirkung fremdsprachiger Schriftstücke; wie hier jüngst *OLG Frankfurt*, NJW 1980, 1173.

gerechter halte ich es, die Vorlage der Übersetzung hier als die ordnungsgemäße, § 184 GVG entsprechende Klageschrift anzusehen, die den Mangel der ursprünglich fremdsprachigen Schrift ex nunc heilt und die Anhängigkeit der Sache bewirkt. Während bei fristgebundenen fremdsprachigen Rechtsschutzgesuchen ihre Unwirksamkeit nach Ablauf der Übersetzungsfrist angemessen ist, weil das Gesetz hier im Interesse von Rechtssicherheit und Rechtsklarheit Fristen vorsieht, kann bei gesetzlich unbefristeten Klagen der Faktor „Zeit" für die Erhebung der Klage grundsätzlich keine Rolle spielen, sieht man von der Möglichkeit der Verwirkung einmal ab. Nicht nur ob, auch wann die Sache anhängig gemacht wird, bestimmt hier der Kläger. Kann sich der Deutsche mit der Klageerhebung Zeit lassen, so muß es auch der Ausländer können, und zwar mit der Klageschrift ebenso wie mit der Vorlage ihrer Übersetzung. Anders verhält es sich jedoch bei Übersetzungsfristen nach Anhängigkeit der Sache, etwa wenn die Vorlage von Übersetzungen fremdsprachiger Schriftstücke zu Beweiszwecken verlangt wird. Im Interesse eines zügigen Verfahrens bewirkt die Überschreitung der Übersetzungsfrist unter der Geltung der Verhandlungsmaxime Präklusion; im Geltungsbereich des Untersuchungsgrundsatzes die Pflicht des Gerichts zur Selbstbeschaffung der Übersetzung, wenn es das Schriftstück für erheblich hält.

γ) Nicht jedoch wirken sich Art. 19 Abs. 4, 103 Abs. 1 GG dahin aus, daß Gerichte Deutschunkundigen gegenüber verpflichtet sind, schriftliche Äußerungen, insbesondere Entscheidungen und Rechtsmittelbelehrungen fremdsprachig abzufassen bzw. ihnen eine Übersetzung beizufügen. Selbst wenn Art. 103 Abs. 1 GG die „sprachliche Verständlichkeit" schriftlicher Entscheidungen mit umfassen sollte — was ohnehin höchst zweifelhaft ist, wenn der Zweck der Parteimitwirkung in Form rechtlichen Gehörs in der Findung einer möglichst „richtigen" Entscheidung liegt — hätten einfach-gesetzliche Begrenzungen Bestand, wie die aus der Funktionsfähigkeit der Rechtspflege folgende Vorschrift des § 184 GVG. Derartige Begrenzungen bringen die „prozessualen Institute vom einfachen Gesetzesrecht her gewissermaßen mit"[416] und prägen das vorverfassungsrechtliche Gesamtbild des Prozeßrechts[417].

δ) Beeinflussend wirkt Art. 103 Abs. 1 GG auf die Vorschriften über die Wiedereinsetzung in den vorigen Stand bei Fristversäumung — wohl der häufigste Gegenstand der bundesverfassungsgerichtlichen Judikatur zu Art. 103 Abs. 1 GG[418] — und zwar auch bei Fristversäumung wegen Unkenntnis der deutschen Gerichtssprache[419].

---

[415] Aufgrund ihrer Wirkung ist die Vorlage einer Übersetzung eine Bewirkungshandlung der Partei, dazu: *Rosenberg / Schwab* (o. Anm. 23), S. 339 f., u. damit Prozeßhandlung i. S. v. § 230 ZPO.

[416] *Lerche* (o. Anm. 390), S. 19.

[417] *BVerfGE* 9, 89, 95 f.

Ist eine gerichtliche Entscheidung ohne Gewährung rechtlichen Gehörs ergangen (Strafbefehl, Arrest und einstweilige Verfügung oder Anordnung ohne mündliche Verhandlung, Mahnbescheid), stellt also der Rechtsbehelf erst das Mittel zur Erlangung rechtlichen Gehörs dar, und versäumt ein Deutschunkundiger wegen der deutschsprachigen Rechtsmittelbelehrung die Einspruchs- oder Widerspruchsfrist, so „kann er nicht anders behandelt werden, als wenn die Rechtsmittelbelehrung unterblieben wäre mit der Folge, daß Wiedereinsetzung in den vorigen Stand zu gewähren ist, wenn die Versäumung der Einspruchsfrist darauf beruht“[420]; es sei denn, er hat „zumutbare Anstrengungen“ unterlassen, um sich über den Inhalt der Entscheidung Kenntnis zu verschaffen[421]. Hier wird es künftig noch weiterer Präzisierung durch die Fachgerichte bedürfen, welches Maß an Sorglosig- und Nachlässigkeit im Einzelfall vorliegen muß, damit der Anspruch auf Wiedereinsetzung verwirkt ist. Dabei wird sicherlich eine Rolle spielen, ob dem Ausländer die gerichtliche Entscheidung in eine gängige Fremdsprache übersetzt werden muß, so daß die Übersetzung leichter zu beschaffen ist als bei nichtgängigen Fremdsprachen, welche Möglichkeiten der Übersetzung am Wohnort des Ausländers vorhanden sind und welchen Bildungsgrad der Ausländer besitzt, um das Schriftstück in seiner Bedeutung erkennen zu können.

Derart verfassungskonform sind die Wiedereinsetzungsvorschriften auch dann anzuwenden, wenn es um die Versäumung der Beschwerde-, Berufungs-, Revisionsfrist u. a. infolge Deutschunkenntnis geht; d. h. bei Rechtsmitteln gegen gerichtliche Entscheidungen, die bereits unter Wahrung rechtlichen Gehörs des Ausländers ergangen sind. Freilich wird dies nur aktuell, wenn der Ausländer im Verfahren des judex a quo nicht anwaltlich vertreten war. Gegen diese verfassungskonforme, an den vom *Bundesverfassungsgericht* zum Einspruch gegen Strafbefehle erarbeiteten Grundsätzen orientierte Anwendung der Wiedereinsetzungsvorschriften auch bei Versäumung der übrigen Rechtsmittelfristen läßt sich insbesondere nicht einwenden, daß das GG keinen mehrstufigen Instanzenzug garantiere[422], der Zugang zu der 2. und 3. Instanz daher beliebig beschränkt oder erschwert werden könne[423]. So richtig

[418] Nachw. bei *Leibholz / Rinck,* Grundgesetz, 5. Aufl., Stand: Nov. 1978, Art. 103 GG, Rn. 11.

[419] *BVerfGE* 40, 95, 99 f.; 42, 120, 123 ff.

[420] *BVerfGE* 40, 95, 100.

[421] *BVerfGE* 42, 120, 126 f.

[422] Ständ. Rspr. des *BVerfG,* Nachw. bei *Leibholz / Rinck* (o. Anm. 418), Art. 19 Abs. 4 GG, Rn. 10 a. E.; zuletzt: *BVerfGE* 45, 363, 375; 49, 329, 314; u. statt vieler: *Bettermann,* AöR 96, 528, 552 f.; w. Nachw. bei *Bauer* (o. Anm. 261), S. 241, Anm. 1 - 3; krit.: *Bauer* (o. Anm. 261), S. 100 f.: Die zweite Instanz ist Bestandteil eines effektiven Rechtsschutzes nach Art. 19 Abs. 4 GG; *Lorenz* (o. Anm. 261), S. 243 ff.: Art. 19 Abs. 4 GG verlangt einen Instanzenzug im Sinne der Eröffnung einer Nachprüfungsmöglichkeit auf Verfahrensfehler.

der Ausganspunkt ist, so falsch ist die Schlußfolgerung: Eröffnet der einfache Gesetzgeber, ohne dazu verpflichtet zu sein, gegen richterliche Entscheidungen eine oder mehrere weitere Instanzen, so müssen die Regelungen über den Zugang zu diesen Instanzen und das Verfahren in diesen Instanzen die Justizgrundrechte des GG beachten[424]. So ist der Gesetzgeber bei der Regelung des Zugangs zur Rechtsmittelinstanz an das Verbot der Richterentziehung (Art. 101 Abs. 1 Satz 2 GG) gebunden, obwohl das GG den Parteien kein Rechtsmittel garantiert[425]. Ebensowenig darf er im Rechtsmittelverfahren das rechtliche Gehör versagen[426]. Auf dieser Linie liegt es, wenn das *Bundesverfassungsgericht* in jüngerer Zeit auch den Zugang zur Rechtsmittelinstanz der Rechtsweggarantie des Art. 19 Abs. 4 GG unterstellt. Sofern die jeweilige Verfahrensordnung einen Instanzenzug zur Verfügung stelle — was nicht bedeute, daß Art. 19 Abs. 4 GG einen solchen gewährleiste — eröffne Art. 19 Abs. 4 GG nicht nur den ersten Zugang zum Gericht, sondern verbiete darüber hinaus, den Zugang zur jeweils nächsten Instanz in unzumutbarer, aus Sachgründen nicht mehr zu rechtfertigender Weise zu erschweren[427]. Daher müssen in allen Rechtswegen und allen Instanzen die Zugangserschwerungen zum Gericht für Deutschunkundige den Anforderungen der Art. 19 Abs. 4, 103 Abs. 1 GG entsprechen.

ε) Ebenso wie die fremdenrechtliche hat auch die grundgesetzliche Rechtsschutzgarantie Auswirkungen auf die Höhe des Kostenrisikos, das mit der Einleitung und Führung eines Prozesses für die Parteien zulässigerweise verbunden werden darf[428]. In unserem Zusammenhang geht es allerdings nur um die zusätzlichen Kosten, die infolge der Unkenntnis der deutschen Gerichtssprache einer oder u. U. beider Parteien anfallen; von einer Behandlung der Grundlagen des geltenden Gerichtskostenrechts muß abgesehen und nur auf die rechtspolitischen und verfassungs-

---

423 Diese Argumentation liegt entgegen *Bausewein*, JZ 1978, 53, 54 dem Beschluß *BVerfGE* 19, 323, 328 (1. Abs.) zugrunde.

424 *Lässig*, Die fehlerhafte Rechtsmittelzulassung und ihre Verbindlichkeit für das Rechtsmittelgericht, 1976, S. 37; *ders.*, NJW 1976, 269, 271.

425 *BGH*, JZ 1980, 35, 36; *Bettermann*, Die Unabhängigkeit der Gerichte und der gesetzliche Richter, in: Die Grundrechte, Bd. III/2, 1959, S. 570 f.; *Lässig* (o. Anm. 424); *Bausewein*, JZ 1978, 53 ff.; *Prütting*, ZZP 92 (1979), S. 273; *Grunsky*, JZ 1979, 129, 132 f.; bedenklich daher *BVerfGE* 49, 148, 155 ff., 50, 115, 120 ff., soweit § 554 b ZPO nicht an Art. 101 Abs. 1 Satz 2 GG gemessen wird.

426 *BVerfGE* 7, 95, 98 f. (Beschwerdeverfahren nach §§ 567 ff. ZPO); *BVerfGE* 30, 406, 408 (Beschwerdeverfahren nach §§ 78 ArbGG i. V. m. §§ 567 ff. ZPO); *BVerfGE* 34, 157, 159 (Verfahren der sofortigen Beschwerde nach § 91 a Abs. 2 ZPO); *BVerfGE* 34, 344, 346 (Verfahren der sofortigen Beschwerde nach § 99 Abs. 2 ZPO); *BVerfGE* 36, 92, 97 f. (Berufungsverfahren nach §§ 511 ff. ZPO); allgem.: *Baumgärtel*, ZZP 75 (1962), S. 385, 407.

427 *BVerfGE* 40, 272, 274 f.; 41, 23, 26; 41, 323, 326 f.; 44, 302, 305 f.; 49, 329, 341.

428 Eingehend: *Buermeyer* (o. Anm. 261), S. 148 ff.

rechtlichen Vorbehalte hingewiesen werden[429]. Für diese zusätzlichen Kosten gilt — ebenso wie für die übrigen Kosten —, daß sie zu keiner Beeinträchtigung der Rechtsschutzgarantie des GG führen, d. h. keinen Umfang annehmen dürfen, der das Kostenrisiko als nicht mehr tragbar erscheinen läßt und von der gerichtlichen Verfolgung oder Verteidigung subjektiver Rechte abhält[430].

Der gerichtskostenrechtliche Grundsatz, wonach der unterlegenen Partei, im Strafprozeß dem Verurteilten, die Kosten aufzuerlegen sind[431], beruht auf dem Veranlassungsprinzip, nicht jedoch auf der Inanspruchnahme einer wirtschaftlich oder ideell vorteilhaften staatlichen Leistung durch den Kostenschuldner[432]. So ist Grund für die Auferlegung der Kosten im Strafverfahren, „daß der Verurteilte durch sein Verhalten Anlaß gegeben hat, daß das — Kosten verursachende — Gerichtsverfahren durchgeführt werden mußte“[433]; im Zivil- und Verwaltungsprozeß hat der unterlegene Kläger durch unbegründete Inanspruchnahme des Gerichts, der unterlegene Beklagte durch sein vorprozessuales Verhalten gegenüber dem Kläger die Gerichtskosten verursacht[434]. Die außergerichtlichen Kosten hat die unterlegene Partei der Obsiegenden als deren durch die Prozeßführung entstandenen Schaden zu erstatten[435]. Das gilt stets auch für die Kosten, die infolge der Deutschunkenntnis von Beteiligten anfallen. Daher kann sich eine unterlegene deutschkundige Partei gegenüber ihrer Verurteilung zur Tragung auch dieser zusätzlichen Kosten nicht darauf berufen, daß diese Kosten einzig die deutschunkundige Gegenpartei verursacht habe und sie daher zu deren Lasten gehen müßten[436].

Was den Umfang eines verfassungsrechtlich zulässigen Kostenrisikos angeht, so ist Maßstab das Übermaßverbot[437], das im Bereich des Ge-

---

[429] Etwa: *Baumgärtel*, Gleicher Zugang zum Recht für alle, 1976; *Baur*, NJW 1976, 1380; *Bokelmann*, ZRP 1973, 164; *Däubler*, BB 1969, 545; *Fechner*, JZ 1969, 349; *Grunsky* (o. Anm. 267), A 7 ff.; *Redeker*, NJW 1973, 1153, 1159 f.; *Röper*, Rechtsschutz für sozial Schwache, 1976; *E. Schmidt*, JZ 1972, 679; *Seetzen*, ZRP 1971, 35.

[430] *BVerfG*, NJW 1979, 1345, 1346; *Buermeyer* (o. Anm. 261), S. 152; *Bauer* (o. Anm. 261), S. 86; *Grunsky* (o. Anm. 267), A 9.

[431] s. im einzelnen o. S. 20.

[432] *Wilke*, Gebührenrecht und Grundgesetz, 1973, S. 70; nach *Buermeyer* (o. Anm. 261), S. 168 steht dahinter der Gedanke der materiellen Gerechtigkeit.

[433] *BVerfGE* 18, 302, 304.

[434] Krit. wegen des häufig ungewissen Prozeßausganges: *Grunsky* (o. Anm. 267), A 10 f.; *Redeker*, NJW 1973, 1153, 1160; *Bokelmann*, ZRP 1973, 164, 168 f.

[435] So insbes. *Bokelmann*, ZRP 1973, 164, 168 f.; *Buermeyer* (o. Anm. 261), S. 161.

[436] Nazu schon oben S. 21.

[437] Für das allgem. Kostenrisiko: *Buermeyer* (o. Anm. 261), S. 155, 162 ff.; *Bauer* (o. Anm. 261), S. 80 f., 86.

bührenrechts in Form des Äquivalenzprinzips konkretisiert ist[438] und auch im Gerichtskostenrecht anwendbar ist[439]. Danach müssen die Höhe der Gebühr und der Wert der staatlichen Leistung in einem angemessenen Verhältnis zueinander stehen[440]. Bei den Auslagen des Gerichts beschränkt es zum einen die Art der Auslagen. Nicht notwendige, sowie Auslagen für nebensächliche und unbedeutende Leistungen sind nicht erstattungspflichtig[441], was nichts anderes heißt, als daß diese Aufwendungen von vornherein zu unterbleiben haben. Das gilt etwa für die schriftliche Übersetzung von Schriftstücken, wenn und soweit sie nicht zur Entscheidungsfindung des Gerichts notwendig sind. Ist eine deutschunkundige Partei anwaltlich vertreten, so ist bei der Anordnung ihres persönlichen Erscheinens in der mündlichen Verhandlung zu bedenken, daß diese Anordnung wegen der Pflicht zur Zuziehung eines Dolmetschers Kostenfolgen hat, darf also nur dann erfolgen, wenn sie im Interesse der Wahrheitsfindung erforderlich ist. Im übrigen sind die Auslagen für Dolmetscher notwendig, weil sie die Folge des verfassungsrangigen Anspruchs auf rechtliches Gehör sind[442]. Weiterhin beschränkt das Äquivalenzprinzip die Höhe der Auslagen; sie dürfen nicht unangemessen sein und das Kostenrisiko muß auch insoweit überschau- und abschätzbar bleiben[443]. Dem trägt das einfache Recht dadurch Rechnung, daß es für die Entschädigung von Dolmetschern und Übersetzern bestimmte Höchstbeträge festsetzt (§§ 17 Abs. 3, 17 Abs. 1 i. V. m. § 3 ZSEG)[444] und dem hat das Gericht dadurch Rechnung zu tragen, daß es die Tätigkeit von Dolmetschern und Übersetzern nur in dem erforderlichen Umfange in Anspruch nimmt. Schließlich sind die dem obsiegenden Kläger zu erstattenden außergerichtlichen Kosten auf einen angemessenen und überschaubaren Umfang zu begrenzen[445]. Ist dieser Erstattungsanspruch ein Schadenersatzanspruch, so ist er ohnehin durch den Rechtsgedanken des § 254 BGB begrenzt, d. h., daß jede Partei schon bei ihrer Prozeßführung eine Schadensminderungspflicht gegenüber dem später Unterlegenen trifft, die außergerichtlichen Kosten auf das Notwendige zu beschränken. Tut sie es nicht, so erhält sie im Falle ihres Ob-

---

[438] Ausführlich: *Wilke* (o. Anm. 432), S. 244 ff.

[439] *BayObLG*, NJW 1967, 1666; *Redeker*, NJW 1973, 1153, 1160; *Buermeyer* (o. Anm. 261), S. 169 ff.

[440] In diesem Sinne etwa: *BVerwGE* 12, 162, 166: *Wilke* (o. Anm. 432), S. 244 ff. m. Rspr.-Nachw. S. 250, Anm. 28, 29; *Wolff / Bachof*, Verwaltungsrecht I, 9. Aufl., 1974, § 42 II a 2.

[441] *Buermeyer* (o. Anm. 261), S. 172.

[442] Widersprüchlich *Stober*, VR 1979, 325, 332: Auferlegung von Dolmetscherkosten ist gezielte Benachteiligung i. S. v. Art. 3 Abs. 3 GG — Art. 3 Abs. 3 GG entbindet nicht von der Pflicht, für die Kostenrechnung zu sorgen.

[443] *BVerfGE* 33, 240, 246.

[444] *BVerfG*, a.a.O., S. 246 f.

[445] Insbes. *Buermeyer* (o. Anm. 261), S. 80 ff.

siegens nur einen auf die notwendigen außergerichtlichen Kosten beschränkten Erstattungsanspruch. Dem entspricht das einfache Prozeßrecht, indem es — wenn überhaupt[446] — nur die zur „zweckentsprechenden Rechtsverfolgung oder Rechtsverteidigung notwendigen Aufwendungen" als erstattungsfähig anerkennt (§§ 91 Abs. 1 Satz 1 ZPO, 162 Abs. 1 VwGO, 139 Abs. 1 SGG). Diese Begrenzungen genügen dem verfassungsrechtlichen Übermaßverbot[447].

Für unvereinbar mit der Rechtsschutzgarantie des GG für Ausländer halte ich die Gegenseitigkeitsverbürgung als Voraussetzung für die Gewährung des Armenrechts (§ 114 Abs. 2 Satz 1 ZPO), deren praktische Bedeutung freilich gering geworden ist[448]. Armenrecht ist notwendige Komplementärgarantie zur Rechtsschutzgarantie, weil der Rechtsschutz kostenabhängig ist, eine Grundrechtsausübung aber nicht von der wirtschaftlichen Leistungsfähigkeit abhängen darf[449]. Daher ist von Verfassungs wegen jedem Ausländer unter den Voraussetzungen des § 114 Abs. 1 ZPO das Armenrecht zu gewähren[450].

b) *Verfahrensgarantien im Verwaltungsverfahren*

aa) Ableitung aus Strukturprinzipien des GG

Enthält das GG keine besonderen Regelungen über den Zugang zu Verwaltungsbehörden und die Ausgestaltung des Verwaltungsverfahrens, sind insbesondere die Art. 19 Abs. 4, 103 Abs. 1 GG analoger Anwendung im Verwaltungsverfahren nicht zugänglich[451], so sind es die tragenden Strukturprinzipien des GG und seine allgemeinen Wertvorstellungen, die den Maßstab für ein verfassungskonformes Verwaltungs-

---

[446] Vgl. §§ 139 Abs. 2 FGO, 193 Abs. 4 SGG.

[447] Im Ergebnis auch *Buermeyer* (o. Anm. 261), S. 182; allgem. hinsichtlich des Kostenrechts: *Lorenz* (o. Anm. 261), S. 255 f.; für *Dütz* (o. Anm. 186), S. 171 „erscheint eine Vermutung nicht zu gewagt, jedenfalls in der Regel die herkömmlichen gesetzlichen Prozeßvoraussetzungen und Prozeßhindernisse noch innerhalb der dargelegten Grenzen (des Übermaßverbots) zu sehen.

[448] s. schon oben Anm. 270.

[449] *BVerfG*, NJW 1979, 1345, 1346.

[450] Im Ergebnis auch: *Berkemann*, JZ 1979, 545, 546 ff.; *Isensee* (o. Anm. 258), S. 79 Anm. 70; *Zuleeg*, DÖV 1973, 361, 363; offenlassend: *Gottwald* (o. Anm. 256), S. 143 f.; zu Recht lehnt *BGH*, NJW 1980, 524 es ab, „im Wege der Rechtsfortbildung das Erfordernis der Gegenseitigkeit auf andere gesetzliche Tatbestände zu übertragen" (hier: Streitwertbegünstigung nach § 53 PatG für Ausländer auch bei nicht verbürgter Gegenseitigkeit).

[451] Für Art. 19 Abs. 4 GG: *Bettermann*, Das Verwaltungsverfahren, VVDStRL, H. 17 (1959), Diskussionsbeitrag S. 245; *Kopp* (o. Anm. 75), S. 149; *Mayer*, Verfahrensgrundsätze der Verwaltung, BayVBl. 1960, 332, 333. a. A. *Scheuner*, VVDStRL, H. 17 (1959), Diskussionsbeitrag S. 238.

Für Art. 103 Abs. 1 GG: *Dürig* in: Maunz / Dürig / Herzog / Scholz (o. Anm. 186), Art. 103 GG, Rn. 84; *Kopp* (o. Anm. 75), S. 75; *Mayer*, a.a.O., S. 337; *Schuwerack*, SGb 1974, 447 Anm. 11; *Stober*, VR 1979, 325, 331.

verfahrensrecht bilden[452]. So verbietet die Menschenwürde, den Bürger zum bloßen Objekt hoheitlichen Handelns zu machen[453]; fordert das Rechtsstaatsprinzip ein geregeltes Verwaltungsverfahren, das Raschheit und Wirksamkeit des Gesetzesvollzugs gewährleistet sowie dem Bürger das Verwaltungshandeln vorhersehbar und berechenbar macht[454]; verlangt der Gleichheitssatz nach der Sicherstellung gleichmäßiger Anwendung des materiellen Rechts durch ein geregeltes Verwaltungsverfahren[455] und macht das Demokratieprinzip ein Verwaltungsverfahren notwendig, das den Bürger mit eigenen Verfahrensrechten ausstattet und ihm Raum bietet für eine aktive und verantwortliche Mitwirkung im Verfahren[456]. Somit ist zu fragen, welche Impulse von diesen Strukturprinzipien des GG für die Behandlung Deutschunkundiger im Verwaltungsverfahren ausgehen.

bb) Verfassungsrechtliche Bewertung der Vorschriften über die Amtssprache im einzelnen

α) Soweit aus §§ 23 Abs. 1 VwVfG, 87 Abs. 1 AO, Entw.SGB X, § 19 Abs. 1 folgt, daß die Behörde regelmäßig nicht verpflichtet ist, ihre schriftlichen Äußerungen, insbesondere ihre Entscheidungen fremdsprachig abzufassen bzw. ihnen eine Übersetzung beizufügen, ist dies grundsätzlich verfassungsrechtlich nicht zu beanstanden, erfährt allerdings eine über die Grundsätze des § 10 Satz 2 VwVfG hinausgehende Korrektur[457] durch Art. 19 Abs. 4 GG. Als Garantie effektiven Rechtsschutzes[458] hat Art. 19 Abs. 4 GG gewisse Vorwirkungen auf das Verwaltungsverfahren und dessen Entscheidung. Die Deutschunkenntnis darf zu keiner Einbuße an Effektivität des Rechtsschutzes für den Betroffenen führen, d. h. die Behörde darf durch einen deutschsprachigen Verwaltungsakt und die Anordnung seiner sofortigen Vollziehung sowie deutschsprachige Rechtsbehelfsbelehrung keine vollendeten Tatsachen schaffen, die nachträglich nicht mehr rückgängig zu machen sind, wenn gegenüber Deutschkundigen in gleicher Sache kassatorischer Rechtsschutz möglich wäre[459]. Das hat besondere Bedeutung im Asylverfahren. Weist die

---

[452] Dazu insbes. *Ule / Becker*, Verwaltungsverfahren im Rechtsstaat, 1964, S. 28 ff.; *Kopp* (o. Anm. 75), S. 4, 16 ff.; *Schmidt-Aßmann*, Jura 1979, 505, 506 ff.

[453] Statt vieler: *BVerfGE* 27, 1, 6; 45, 187, 228.

[454] *Kopp* (o. Anm. 75), S. 54 ff., 131 ff.; *Lässig* in: Finkelnburg / Lässig (o. Anm. 7), § 10 VwVfG, Rn. 3.

[455] *Kopp* (o. Anm. 75), S. 166 f.

[456] *Kopp* (o. Anm. 75), S. 180 ff., 187 f.

[457] Zu ihr oben S. 24.

[458] Statt vieler: *Finkelnburg*, Vorläufiger Rechtsschutz im Verwaltungsstreitverfahren, 2. Aufl. 1979, S. 1 m. zahlr. Rspr.-Nachw.

[459] Also z. B. nicht bei der Anordnung und sofortiger Vollziehung polizeilicher Zwangsmaßnahmen, wo nachträglicher kassatorischer Rechtsschutz un-

Behörde ein Asylgesuch zurück, ordnet die Abschiebung des Asylsuchenden und die sofortige Vollziehung an, so ist der Deutschunkundige dagegen praktisch rechtsschutzlos, weil er die zur Verfügung stehenden Rechtsbehelfe mangels Deutschkenntnis nicht ausnutzen kann[460]. Hier ist *allein* die Deutschunkenntnis die Ursache der Rechtsschutzlosigkeit, denn ein Deutschkundiger könnte die bestehenden Rechtsschutzmöglichkeiten ausschöpfen *bevor* vollendete Tatsachen geschaffen sind. Daher folgt in derartigen Fällen aus einer Vorwirkung des Art. 19 Abs. 4 GG auf das Verwaltungsverfahrensrecht, daß die Behörde entgegen § 23 Abs. 1 VwVfG von Verfassungs wegen verpflichtet ist, jedenfalls die Rechtsbehelfsbelehrung in der Muttersprache des Betroffenen abzufassen[461].

β) Die verfassungsrechtlichen Verfahrensgarantien beeinflussen auch im Verwaltungsverfahren die Vorschriften über die Wiedereinsetzung in den vorigen Stand, wenn der Betroffene wegen seiner Deutschunkenntnis eine Rechtsbehelfsfrist versäumt. So hat das *Bundesverfassungsgericht* in seinen Beschlüssen zur Versäumung der Einspruchsfrist gegen gerichtliche Strafbefehle wegen Deutschunkenntnis[462] zu Recht die gleiche verfassungskonforme Anwendung der Wiedereinsetzungsvorschriften bei Versäumung der Einspruchsfrist gegen verwaltungsbehördliche Bußgeldbescheide mit deutschsprachiger Rechtsmittelbelehrung gefordert. Auch hier gilt also: Wiedereinsetzung bei Versäumung der Anfechtungsfrist wegen Deutschunkenntnis; es sei denn, der Ausländer hat zumutbare Anstrengungen unterlassen, um sich rechtzeitig über den Inhalt des Verwaltungsakts Kenntnis zu verschaffen. Diese Grundsätze müssen selbstverständlich bei Versäumung sämtlicher verwaltungsgerichtlicher Klagefristen gegen belastende bzw. die Ablehnung begünstigender Verwaltungsakte gelten, d. h. für die Wiedereinsetzung nach §§ 60 VwGO, 67 SGG, 56 FGO bei Versäumung der Klagefristen der §§ 74 VwGO, 87 SGG, 47 FGO.

Schließlich müssen die vom *Bundesverfassungsgericht* entwickelten Grundsätze Anwendung finden, wenn ein Deutschunkundiger die Widerspruchsfrist der §§ 70 Abs. 1 VwGO, 84 SGG, die Einspruchs- oder Beschwerdefrist des § 355 Abs. 1 AO oder andere außergerichtliche Rechtsbehelfsfristen versäumt und Wiedereinsetzung nach § 79 VwVfG i. V. m. §§ 70 Abs. 2, 60 VwGO; §§ 84 Abs. 2 Satz 3, 67 SGG; 110 AO begehrt[463]. Ist die erfolglose Durchführung des Widerspruchs-, Einspruchs- oder Be-

---

abhängig von Deutschkenntnissen *wegen des Zeitablaufs* nicht mehr möglich ist, vgl. *BVerwGE* 26, 161 ff.

[460] So mit Recht *Henkel*, NJW 1980, 479, 488.

[461] Desgl. *Stober*, VR 1979, 325, 328; diese Konsequenz fehlt bei *Henkel*, a.a.O.

[462] *BVerfGE* 40, 95, 98 ff.; 42, 120, 123 ff.

[463] Vgl. *BFH*, BB 1976, 773; *BVerwG*, NJW 1978, 1988; *VGH München*, NJW 1977, 1213; *VG Kassel*, NJW 1977, 543.

schwerdeverfahrens Zulässigkeitsvoraussetzung der verwaltungsgerichtlichen Klage (§§ 68 VwGO, 78 SGG, 44 Abs. 1 FGO), also dem Rechtsweg im Sinne von Art. 19 Abs. 4 GG notwendig vorgeschaltet, dann darf der Zugang zu diesem Verfahren nur in dem Maße und in den Grenzen erschwert werden wie der Zugang zum Gericht[464]. Mit anderen Worten: der Rechtsweg nach Art. 19 Abs. 4 GG darf nicht dadurch beschränkt werden, daß der Zugang zur Widerspruchs-, Einspruchs- oder Beschwerdebehörde in unzumutbarer, aus Sachgründen nicht mehr zu rechtfertigender Weise beschränkt wird.

Was die Voraussetzungen der Wiedereinsetzung angehen, so halte ich es für zu eng, wenn der *VGH München* Wiedereinsetzung nur in den Fällen „unüberwindlicher Schwierigkeiten" bei der rechtzeitigen Beschaffung einer Übersetzung gewähren will[465]; zu weit geht m. E. das *VG Kassel*, das generell Wiedereinsetzung allein bei Kausalität der Deutschunkenntnis für die Versäumung der Widerspruchsfrist gewährt, auch bei Drittverschulden[466]. Vermittelnd zwischen beiden Positionen und wie ich meine zutreffend verlangt das *Bundesverwaltungsgericht* „eine angemessene Berücksichtigung bestehender Sprach- und Verständnisschwierigkeiten"[467].

γ) Weder § 23 noch §§ 66 - 68 VwVfG sehen die obligatorische Zuziehung eines Dolmetschers zur mündlichen Verhandlung im förmlichen Verwaltungsverfahren vor, wenn Deutschunkundige beteiligt sind. Die Ausfüllung dieser gesetzlichen Regelungslücke durch analoge Anwendung von § 185 GVG ist unerläßlich, soll das VwVfG insoweit verfassungskonform sein[468]. Das förmliche unterscheidet sich vom nichtförmlichen Verwaltungsverfahren, das vom Grundsatz einfacher und zweckmäßiger Verfahrensweise beherrscht ist (§ 10 Satz 2 VwVfG) und deshalb der Behörde weitgehend Gestaltungsermessen einräumt, im wesentlichen dadurch, daß es in der Regel die mündliche Verhandlung kennt (§ 67 Abs. 1 VwVfG)[469] mit zwingendem und ausnahmslosem Anspruch der Beteiligten auf Gewährung rechtlichen Gehörs (§ 66 VwVfG). Es ist also justizförmig ausgestaltet und dient dadurch in ungleich stärkerem Maße als das nichtförmliche Verwaltungsverfahren dem Schutz subjektiver Rechte des oder der Beteiligten[470]. Steht im nichtförmlichen

---

[464] Wohl auch *Kopp* (o. Anm. 75), S. 162, 245.

[465] *VGH München*, NJW 1977, 1213.

[466] *VG Kassel*, NJW 1977, 543.

[467] *BVerwG*, NJW 1978, 1988.

[468] Im Ergebnis auch *Ule / Laubinger* (o. Anm. 10), S. 145; *Leonhardt* in: Stelkens / Bonk / Leonhardt (o. Anm. 63), § 23 VwVfG, Rn. 9 ohne jedoch die verfassungsrechtliche Problematik zu sehen; zu eng: *Stober*, VR 1979, 325, 331.

[469] Zu Ausnahmen s. § 67 Abs. 2 VwVfG.

[470] Statt vieler: *Bettermann* (o. Anm. 451), S. 173; krit. zur Unterscheidung von förmlichen u. nichtförmlichen Verwaltungsverfahren: *Ule / Becker* (o. Anm. 452), S. 28 f.

Verfahren oft die Notwendigkeit einer raschen Sachentscheidung im Vordergrund des behördlichen Handelns, so haben im förmlichen Verfahren umfassende Sachverhaltsaufklärung und richtige Rechtsanwendung Vorrang vor rascher Sachentscheidung[471]. Wegen des erheblichen Verwaltungsaufwandes, den das förmliche Verfahren verursacht, findet es regelmäßig nur in den Fällen statt, wo die zu erwartende Entscheidung einen besonders schweren Eingriff in Freiheit und Eigentum des Bürgers darstellt oder von ihr zahlreiche Bürger betroffen werden[472]. Bei einer solchen Funktion „liegt es im Wesen dieses Verfahrens, daß alle Beteiligten uneingeschränkt zu Worte kommen können"[473]. Wird Deutschunkundigen rechtliches Gehör in mündlichen Verhandlungen, d. h. die Möglichkeit, Erklärungen der Behörde entgegenzunehmen und zu ihnen Stellung nehmen zu können, durch Vermittlung eines Dolmetschers gewährt, so bedeutet das zunächst nur, daß die gesetzliche Regelungslücke mit § 66 Abs. 1 VwVfG kollidiert. Um verfassungswidriges Unterlassen des Gesetzgebers kann es sich nur dann handeln, wenn der Anspruch auf rechtliches Gehör im förmlichen Verwaltungsverfahren Verfassungsrang hat, der Gesetzgeber des VwVfG also von Verfassungs wegen verpflichtet war, hier eine dem § 185 GVG entsprechende Regelung zu schaffen. Der Verfassungsrang des Anspruchs auf rechtliches Gehör wird heute allgemein bejaht, lediglich über seine Verortung im GG bestehen noch Meinungsverschiedenheiten. Überwiegend wird er aus dem Rechtsstaatsprinzip abgeleitet, speziell aus dem Grundsatz der Gesetzmäßigkeit der Verwaltung und der Notwendigkeit vorhersehbaren und berechenbaren Verwaltungshandelns, die eine Anhörung des Betroffenen erfordern[474]. *Kopp* sieht ihn darüber hinaus als Ausfluß der Menschenwürde an, die verbietet, den Bürger zum bloßen Objekt staatlichen Handelns zu machen. Deshalb müsse er Partei im Verfahren mit rechtlichem Gehör sein[475].

Somit muß die Lücke im VwVfG verfassungskonform durch analoge Anwendung von § 185 GVG ergänzt werden; d. h. die Behörde ist im

---

[471] Vgl. *Lässig* in: Finkelnburg / Lässig (o. Anm. 7), § 10 VwVfG, Rn. 4.

[472] In diesem Sinne etwa: *Bettermann* (o. Anm. 451), S. 172 f.; *Kopp* (o. Anm. 75), S. 201 Anm. 564; *Wolff / Bachof*, Verwaltungsrecht III, 4. Aufl. 1978, § 157, Rn. 1; *Badura* in: Erichsen / Martens, Allgemeines Verwaltungsrecht, 4. Aufl. 1979, S. 279 f.; *Lässig* in: Finkelnburg / Lässig (o. Anm. 7), § 10 VwVfG, Rn. 4.

[473] Begründung der Bundesregierung zu § 66 Abs. 1 VwVfG (o. Anm. 10), S. 85.

[474] Etwa: *Kopp* (o. Anm. 75), S. 8, 75 ff., 116 ff., 135 f.; *Ule / Becker* (o. Anm. 452), S. 38 f.; *Mayer* (o. Anm. 451), BayVBl. 1960, 332, 337; *Spanner*, Grundsätzliches zum Verwaltungsverfahren, DÖV 1958, 651, 653.

[475] *Kopp* (o. Anm. 75), S. 30 ff.; weiterhin sollen das Gleichheitsgebot (S. 173), das Demokratieprinzip (S. 189 ff.), der Grundsatz der Leistungsfähigkeit u. Wirksamkeit der vollziehenden Gewalt (S. 217 ff.) sowie der Grundsatz der Gewaltenteilung (S. 243) den grundsätzlichen Anspruch auf rechtliches Gehör gewährleisten.

förmlichen Verwaltungsverfahren verpflichtet, zur mündlichen Verhandlung einen Dolmetscher zuzuziehen, wenn Deutschunkundige beteiligt sind.

Im nichtförmlichen Verwaltungsverfahren gilt dies nur mit erheblichen Einschränkungen. Hier kollidieren das Interesse des Betroffenen am rechtlichen Gehör häufig mit den Grundsätzen rascher, einfacher und zweckmäßiger Verwaltungstätigkeit; hier durfte und mußte der Gesetzgeber deshalb in den §§ 28 Abs. 2 und 3 VwVfG, 91 Abs. 2 und 3 AO, 34 Abs. 2 SGB-AT Ausnahmen vom Anspruch auf rechtliches Gehör normieren[476] und hier durfte er in den Fällen der Anhörungspflicht (§§ 28 Abs. 1 VwVfG, 91 Abs. 1 AO, 34 Abs. 1 SGB-AT) die Art und Weise der Anhörung — mündlich oder schriftlich — in das pflichtgemäße Ermessen der Behörde stellen. Besteht nach einfachem Verwaltungsverfahrensrecht im konkreten Fall eine Anhörungspflicht für die Behörde — was freilich nur ausnahmsweise und nur dann gegeben ist, wenn kein Ausnahmetatbestand eingreift und das Ermessen der Behörde hinsichtlich der Form der Anhörung auf eine mündliche Anhörung reduziert ist, weil nur sie dem Anhörungszweck gerecht wird — dann hat sie das rechtliche Gehör Deutschunkundiger durch die Zuziehung eines Dolmetschers sicherzustellen, wenn ihre Amtswalter nicht selbst über hinreichende Fremdsprachenkenntnisse verfügen. Ich halte daher in diesen Fällen gleichfalls eine analoge Anwendung von § 185 GVG für verfassungsrechtlich erforderlich.

δ) Das Äquivalenzprinzip, dessen Ursprung ja das Verwaltungsgebührenrecht ist, hat Auswirkungen auf Art und Umfang der Kosten, die Ausländern im Verwaltungsverfahren infolge der Unkenntnis der deutschen Amtssprache erwachsen. Auch insoweit müssen daher Art und Umfang dieser Kosten angemessen sein und dürfen nicht außer Verhältnis stehen zu dem Wert der staatlichen Leistung, die der Deutschunkundige in Anspruch nimmt[477]. Das bedeutet etwa, daß die Behörde Übersetzungen fremdsprachiger Schriftstücke wegen der damit entstehenden Kosten für die Betroffenen nur verlangen darf, wenn und soweit sie zur ordnungsgemäßen Erfüllung ihrer Verwaltungsaufgaben im konkreten Verfahren erforderlich sind. Diese Verpflichtung folgt schon aus den Grundsätzen einfacher, zweckmäßiger und sparsamer Verfahrensdurchführung (§ 10 Satz 2 VwVfG, Entw.SGB X, § 9 Satz 2), die als Ausfluß des Verhältnismäßigkeitsprinzips die Behörde auch gegenüber dem Betroffenen verpflichten, ihm unnötigen Aufwand an Zeit, Mühe und Kosten zu ersparen[478]. Im übrigen können nur vom Sozialstaatsprinzip des

[476] Offenbleiben kann hier, ob sämtliche gesetzlichen Ausnahmen einer verfassungsrechtlichen Überprüfung standhalten; nach *Kopp* (o. Anm. 76), S. 29 f. sollen § 28 Abs. 2 Nr. 1 u. 4 verfassungswidrig sein.

[477] Dazu schon oben S. 105.

GG Impulse ausgehen, die eine Übernahme derartiger Kosten durch die Staatskasse gebieten. Bedeutung und Einfluß der Sozialstaatsklausel auf die rechtliche Bewältigung des „Ausländerproblems" im allgemeinen sind weitgehend ungeklärt[479]. Ausgangspunkt auch in unserem Zusammenhang muß die zutreffende Feststellung von *Isensee* sein, daß fremden Staatsangehörigen als solchen und allein deshalb, weil sie fremde Staatsangehörige sind, keine spezifische sozialstaatliche Rolle zukommt; sie nicht von vornherein besonders sozial schutzbedürftig sind[480]. Eine generelle und undifferenzierte staatliche Kostenübernahme ist vom Sozialstaatsprinzip weder gefordert noch gerechtfertigt. Bei der erforderlichen Konkretisierung der auf Ausfüllung und Ausführung angelegten Sozialstaatsklausel wird es in unserem Zusammenhang im wesentlichen auf folgende Gesichtspunkte ankommen: Entscheidende Bedeutung kommt dem Grad der Status-Verfestigung des Deutschunkundigen in der Bundesrepublik zu, d. h. der Dauer seines Aufenthalts, so daß langjährig anwesende Gastarbeiter weitgehende sozialstaatliche Vergünstigungen beanspruchen können als nur vorübergehend aufenthaltliche Ausländer, insbesondere Touristen. Bedeutung hat weiterhin der Gegenstand des Verwaltungsverfahrens; bezieht er sich auf den Elementarbereich der Sozialhilfe und der Daseinsvorsorge, so ist es gerechtfertigt, den Betroffenen die Kosten für die Übersetzung fremdsprachiger Schriftstücke in geringem Umfang oder gar nicht tragen zu lassen[481] als etwa in einem Baugenehmigungsverfahren für ein Einfamilienhaus. Ergänzend hierzu wird zu bedenken sein, in wessen Interesse das Verwaltungsverfahren durchgeführt wird. Dient es ausschließlich oder überwiegend dem öffentlichen Interesse, also in erster Linie die Verfahren, die auf Erlaß eines belastenden Verwaltungsaktes gerichtet sind, so wird eine Kostenübernahme durch die Staatskasse eher gerechtfertigt sein als in Verwaltungsverfahren, die auch oder sogar überwiegend dem Interesse des Deutschunkundigen dienen, also vornehmlich Verfahren, die auf den Erlaß eines begünstigenden Verwaltungsaktes gerichtet sind.

c) Die Verfahrenssprache im Petitionsverfahren

Art. 17 GG gewährt „jedermann" das Petitionsrecht. Es steht damit von Verfassungs wegen auch Ausländern zu[482]; § 75 Abs. 7 GeschO BT,

---

[478] Einzelheiten bei *Lässig* in: Finkelnburg / Lässig (o. Anm. 7), § 10 VwVfG, Rn. 29.

[479] Dazu bes. *Isensee* (o. Anm. 258), S. 86 ff.

[480] *Isensee*, a.a.O., S. 87.

[481] So soll nach Entw. SGB X, § 19 Abs. 2 Satz 3 der Deutschunkundige Übersetzungskosten nur „in angemessenem Umfange" tragen, während §§ 23 Abs. 2 Satz 3 VwVfG, 87 Abs. 2 Satz 3 AO diese Beschränkung nicht kennen.

[482] *OVG Münster*, DVBl. 1978, 895; *Dürig* in: Maunz / Dürig / Herzog / Scholz (o. Anm. 186), Art. 17 GG, Rn. 24; *Schmidt-Bleibtreu / Klein* (o. Anm. 363),

wonach Petitionen nach Art. 17 GG „von jedem Staatsbürger" eingebracht werden können[483], ist daher ungültig. Das Petitionsverfahren ist weder Gerichts- noch Verwaltungsverfahren, folglich finden weder die Vorschriften über die Gerichts- noch die über die Amtssprache unmittelbar Anwendung. Bei Petitionen deutschunkundiger Ausländer ergeben sich die Fragen nach den Folgen fremdsprachiger Petitionen und nach dem Anspruch ausländischer Petenten auf Beantwortung der Petition in ihrer Muttersprache.

Keinesfalls sind Petitionen, die nicht in deutscher Sprache abgefaßt sind, unbeachtlich, d. h. wirkungslos. Wenn auch die Voraussetzungen einer zulässigen Petition in Art. 17 GG, wo allein die Schriftform verlangt wird, nicht abschließend aufgeführt sind[484], weil auch beleidigende sowie auf gesetzlich Unzulässiges oder offensichtlich Unmögliches gerichtete Petitionen unzulässig sind[485] und somit auch andere, dem Zweck des Petitionsrechts nicht zuwiderlaufende Voraussetzungen gefordert werden dürfen, so ist die Deutschsprachigkeit gerade keine, dem Zweck des Petitionsrechts entsprechende Voraussetzung. Art. 17 GG soll als Verfassungsgarantie formloser petita zusätzlich zum förmlichen Rechtsschutz[486] ja gerade von übermäßigen Förmlichkeiten frei bleiben. Steht dieses Grundrecht auch Ausländern zu, so müssen folglich auch fremdsprachige Petitionen wirksam sein[487]. Ich halte es aber in entsprechender Anwendung des Rechtsgedankens der §§ 23 Abs. 2 Satz 1 VwVfG, 87 Abs. 2 Satz 1 AO; Entw.SGB X, § 19 Abs. 2 Satz 1 für zulässig, daß der Petitionsadressat bei fremdsprachigen Petitionen die Vorlage einer Übersetzung verlangt, allerdings ohne zur Fristsetzung und Ablehnung der Petition nach Fristablauf berechtigt zu sein. Der Petitionsadressat braucht sich also erst nach Vorlage der Übersetzung mit der Petition zu befassen.

Art. 17 GG verleiht dem Petenten „ein Recht darauf, daß die angegangene Stelle die Eingabe nicht nur entgegennimmt, sondern auch sachlich prüft und ihm zum mindesten die Art der Erledigung schriftlich mitteilt"[488]. Diese Bescheidung muß nicht in der Muttersprache ausländi-

---

Art. 17 GG, Rn. 8; *Rauball* in: von Münch (o. Anm. 162), Art. 17 GG, Rn. 3; *Stober*, VR 1979, 325, 327; differenzierend: *von Mutius*, Verw.Arch. 1979, 165, 167 ff.

[483] Noch enger: Art. 115 BayVerf.: Bewohner Bayerns.

[484] a. A.: *Stober*, VR 1979, 325, 327.

[485] Einzelheiten bei *Seidel*, Das Petitionsrecht, 1972, S. 27.

[486] *Dürig* in: Maunz / Dürig / Herzog / Scholz (o. Anm. 186), Art. 17 GG, Rn. 20.

[487] Im Ergebnis auch: *Dürig* in: Maunz / Dürig / Herzog / Scholz (o. Anm. 186), Art. 17 GG, Rn. 36; *Rauball* in: von Münch (o. Anm. 162), Art. 17 GG, Rn. 11; *Stober*, VR 1979, 325, 327.

[488] *BVerfGE* 2, 225.

scher Petenten erfolgen[489]. Unzutreffend ist es, wenn *Stober* aus der Zulässigkeit fremdsprachiger Petitionen wegen der Einheit des Petitionsverfahrens einen Anspruch auf Bescheidung in dieser Fremdsprache ableitet[490]. Auch im Gerichts- und Verwaltungsverfahren sind fremdsprachige Anträge, Klage-, Rechtsmittelschriften u. a. m. zulässig, ohne daß die Entscheidung in diesen Verfahren fremdsprachig abgefaßt werden muß. Das Grundrecht des Art. 17 GG wird nicht „inhaltlich entwertet", wie *Stober*[491] meint, wenn die Bescheidung in deutscher Sprache erfolgt. Gegen einen Anspruch auf fremdsprachige Bescheidung — was heißt, daß der Petitionsadressat fremdsprachig bescheiden *kann* — sprechen neben der damit verbundenen Beeinträchtigung seiner Aufgabenerfüllung der Vergleich zu Entscheidungen im Gerichts- und Verwaltungsverfahren. Wenn Entscheidungen, deren Bekanntgabe an den Betroffenen den Lauf einer Frist bewirkt, nicht einmal in der Muttersprache des Adressaten abgefaßt werden müssen, dann erst recht nicht Petitionsbescheide.

---

[489] a. A.: *Stober*, VR 1979, 325, 327.

[490] VR 1979, 325, 327.

[491] a.a.O.

MIX
Papier | Fördert gute Waldnutzung
FSC® C083411

Kolibri 360 GmbH
Ferdinand-Jühlke-Straße 7
99095 Erfurt, Deutschland
produktsicherheit@kolibri360.de

Druck:
CPI Druckdienstleistungen GmbH
im Auftrag der
Kolibri 360 GmbH
Ferdinand-Jühlke-Str. 7
99095 Erfurt